U0571363

经济管理学术文库·管理类

粮食生产主体功能区补偿机制研究
——以黑龙江省为例

Research on the Compensation Mechanism for the Main Functional
Regions of Grain Production
——Take HeiLongjiang Province as an Example

焦晋鹏／著

经济管理出版社
ECONOMY & MANAGEMENT PUBLISHING HOUSE

图书在版编目（CIP）数据

粮食生产主体功能区补偿机制研究：以黑龙江省为例/焦晋鹏著 . —北京：经济管理出版
社，2020. 1
ISBN 978 - 7 - 5096 - 7038 - 5

Ⅰ . ①粮… Ⅱ . ①焦… Ⅲ . ①粮食—粮棉主产区—补偿机制—研究—黑龙江省
Ⅳ . ①F326. 11

中国版本图书馆 CIP 数据核字（2020）第 021992 号

组稿编辑：张巧梅
责任编辑：张巧梅
责任印制：黄章平
责任校对：王纪慧

出版发行：经济管理出版社
　　　　　（北京市海淀区北蜂窝 8 号中雅大厦 A 座 11 层　100038）
网　　　址：www. E - mp. com. cn
电　　　话：（010）51915602
印　　　刷：三河市延风印装有限公司
经　　　销：新华书店
开　　　本：720mm×1000mm/16
印　　　张：11. 25
字　　　数：215 千字
版　　　次：2020 年 4 月第 1 版　　2020 年 4 月第 1 次印刷
书　　　号：ISBN 978 - 7 - 5096 - 7038 - 5
定　　　价：78. 00 元

·版权所有　翻印必究·
凡购本社图书，如有印装错误，由本社读者服务部负责调换。
联系地址：北京阜外月坛北小街 2 号
电话：（010）68022974　邮编：100836

前　言

　　2011 年 6 月，国家公布的《全国主体功能区规划》将国土空间划分为优先开发区域、重点开发区域、限制开发区域和禁止开发区域，并要求按照主体功能定位调整完善区域政策和绩效评价，规范空间开发秩序，形成合理的空间开发结构。现阶段社会经济的发展已不能再用传统观念的发展策略进行理解，主体功能区的提出适应了现阶段中国社会的现实背景，解决了经济发展与环境保护间的主要矛盾，因此，主体功能区的划分及规划有利于促进社会、经济、资源环境的空间均衡，进而实现区域可持续发展。

　　黑龙江省位于全国最东北端，一直以来都承担着国家资源仓库的义务，是国内集森林资源、石油资源、煤炭资源、产粮基地和装备制造业为一体的特色性资源型省份。按照主体功能区的开发内容，黑龙江省政府在《黑龙江省主体功能区规划》中将省域主体功能区划分为城市化地区、农产品主产区和重点生态功能区三类。由于黑龙江省为国内粮食产量第一大省，承担着保障国家粮食供应与储备安全的重要使命，作为国家粮食生产的核心地区需要重点发展粮食生产主体功能区，然而，现行的用于粮食补偿的政策存在着补偿标准不合理、补偿资金投入不足等问题，严重制约了粮食生产主体功能区的粮食增产、农民增收、粮食综合生产能力提升、区域经济及农业可持续发展。因此，探索适合黑龙江省粮食生产主体功能区的补偿机制尤为重要，是黑龙江省粮食生产主体功能区实现可持续发展的重要保障。

　　首先，从农业圈带理论、农业区域专业化理论及空间规划理论入手，通过对主体功能区概念的剖析研究，提出了可以将黑龙江省农产品主产区定义为粮食生产主体功能区，以弥补粮食生产主体功能区只注重粮食产量增长的缺陷，统筹考虑粮食增产、农民增收、粮食综合生产能力提升、区域经济及农业可持续发展；从公共物品理论、可持续发展理论、政府干预粮食产业理论入手，通过对补偿概念的剖析研究，提出了可以将补偿机制融入到粮食生产主体功能区的建设中。因此，从粮食生产主体功能区的视角出发，归纳并总结了现行用于粮食利益补偿、农业生态补偿及粮食生产发展保护补偿的相关政策。研究发现，现行用于粮食补偿的相关政策仅为简单的政策组合，并未形成一个完整的运行模式，且存在着一些问题。

其次，借助于演化博弈分析、作用机理分析及现实依据分析，从理论分析的角度论证了黑龙江省粮食生产主体功能区构建补偿机制的必要性和可行性。同时，运用计量经济模型、结构方程模型及灰色关联度模型对影响补偿机制的因素进行了分析，探讨了各因素的影响程度。基于粮食补偿政策的现状、理论分析、影响因素分析及黑龙江省粮食生产主体功能区发展战略，构建出适合黑龙江省粮食生产主体功能区发展的补偿机制。研究发现，所构建的黑龙江省粮食生产主体功能区补偿机制应由粮食利益补偿机制、农业生态补偿机制及粮食生产发展保护补偿机制三个机制构成，包括补偿主体和客体、补偿范围、补偿方式、补偿标准、补偿资金来源及运行方式等内容，并强调补偿的动态化。补偿机制不仅研究各补偿机制内部的构成要素，以及构成要素之间相互影响、相互作用的规律及各补偿机制的运行方式、运行途径，特别强调补偿标准的动态化，而且研究三个补偿机制之间的协调关系，通过一定运行方式和运行途径，将各构成要素及三个补偿机制有机地联系在一起，以达到既定目标。

再次，利用系统动力学对所构建的补偿机制的运行效果进行了仿真模拟，为了保证补偿机制可以持续运行，提出了相应的保证措施。研究发现，所构建的补偿机制可以在未来的运行过程中实现粮食生产主体功能区的粮食增产、农民增收、粮食综合生产能力提升及农业可持续发展。同时，为了保证补偿机制的有效运行，应从思想、监管、配套措施、资金及法律法规等方面给予保障。

最后，从集中有效资源形成定位清晰的开发格局、增强农业生态安全、实现农业可持续发展、依托多元化手段促进粮食产业化发展的角度出发，形成了基于补偿机制的黑龙江省粮食生产主体功能区发展战略。

可能的创新之处在于：一是在综合考量各相关要素的基础上，建立了既相互独立又相互作用的，由粮食利益补偿机制、农业生态补偿机制和粮食生产发展保护补偿机制构成的，"三位一体"的，强调补偿动态化的，符合黑龙江省粮食生产主体功能区发展的补偿机制。二是建立了补偿机制系统动力学模型，利用系统动力学模型对所构建的补偿机制的运行效果进行了仿真模拟。

目　　录

1 绪　论 ……………………………………………………… 1

 1.1 研究背景 ………………………………………………… 1

 1.2 研究目的和意义 ………………………………………… 3

 1.3 研究方法 ………………………………………………… 4

 1.4 研究框架及研究内容 …………………………………… 5

 1.5 可能的创新点 …………………………………………… 6

2 理论参照系：研究的核心概念及研究进程 ……………… 8

 2.1 核心概念界定 …………………………………………… 8

 2.2 关于主体功能区方面的研究 ………………………… 11

 2.3 关于粮食生产主体功能区补偿方面的研究 ………… 19

 2.4 研究评述 ……………………………………………… 32

 2.5 本章小结 ……………………………………………… 33

3 现实参照系：国内外主要粮食生产主体功能区补偿经验借鉴 … 34

 3.1 国内主要粮食生产主体功能区补偿现状 …………… 34

 3.2 国外主要粮食生产主体功能区补偿经验借鉴 ……… 39

 3.3 本章小结 ……………………………………………… 43

4 黑龙江省粮食生产主体功能区补偿现状及存在的问题 … 44

 4.1 黑龙江省粮食生产主体功能区现状 ………………… 44

 4.2 黑龙江省粮食生产主体功能区补偿现状 …………… 45

 4.3 黑龙江省粮食生产主体功能区补偿存在的问题 …… 60

 4.4 本章小结 ……………………………………………… 63

5 构建黑龙江省粮食生产主体功能区补偿机制的必要性及依据分析 ············ 65

  5.1 黑龙江省粮食生产主体功能区实施补偿机制的必要性分析 ·········· 65

  5.2 黑龙江省粮食生产主体功能区补偿机制的作用机理 ············· 72

  5.3 黑龙江省粮食生产主体功能区补偿机制的现实依据分析 ·········· 76

  5.4 本章小结 ························· 78

6 影响黑龙江省粮食生产主体功能区补偿机制的因素分析 ············ 79

  6.1 影响粮食利益补偿机制的因素分析 ············· 79

  6.2 影响农业生态补偿机制的因素分析 ············· 88

  6.3 影响粮食生产发展保护补偿机制的因素分析 ··········· 95

  6.4 本章小结 ························· 102

7 黑龙江省粮食生产主体功能区补偿机制的构建 ············ 103

  7.1 补偿机制的目标定位 ·················· 103

  7.2 补偿机制的基本原则 ·················· 104

  7.3 补偿机制的框架 ···················· 105

  7.4 粮食利益补偿机制的构建 ················ 108

  7.5 农业生态补偿机制的构建 ················ 113

  7.6 粮食生产发展保护补偿机制的构建 ············· 123

  7.7 本章小结 ························· 129

8 黑龙江省粮食生产主体功能区补偿机制运行的仿真模拟及保障措施 ······ 130

  8.1 黑龙江省粮食生产主体功能区补偿机制运行效果的仿真模拟 ······ 131

  8.2 黑龙江省粮食生产主体功能区补偿机制运行的保障措施 ········ 140

  8.3 本章小结 ························· 146

9 基于补偿机制的黑龙江省粮食生产主体功能区发展战略 ········· 147

  9.1 发展战略制定的原则 ·················· 147

  9.2 发展战略制定的目标 ·················· 149

  9.3 基于补偿机制的黑龙江省粮食生产主体功能区发展战略框架 ······ 150

  9.4 本章小结 ························· 157

结　论 ···························· 158

参考文献 ·························· 161

1 绪 论

1.1 研究背景

从当前全球实际情况来看，由于受到全球人口增长、耕地和水资源紧张以及气候异常等因素的影响，全球粮食供应紧张的情形短期内很难改变，使得全球粮食供求问题备受关注。据相关测算数据结果显示，2000 年以来，全球对谷物的消费需求增加了近 2200 亿公斤，年均增长约为 1.1%，而全球的谷物产量仅增加了 1000 亿公斤，年均增长仅为 0.5%，且当前全球范围内的谷物库存消费比已接近 30 年来的最低水平，随着粮食新用途的不断开发，使得全球粮食的需求与供给出现了失衡状态。同时，自 2006 年以来，全球主要粮食价格出现了大幅波动。2008 年初，全球粮食价格创近 30 年来最大涨幅，较 2005 年同比增长了 200%，引发了全球性的粮食危机。俄罗斯等多个国家宣布暂时停止粮食出口，20 多个国家因粮食问题引发动荡。2008 年 6 月，由于受到美国"次贷危机"的影响，粮价在短时间内出现大幅下跌，根据国际金融统计数据，2009 年 2 月，全球粮食价格指数较 2008 年 6 月下降约 30%。粮食价格的大幅波动严重干扰了国家经济、种粮农户及本国居民的正常生活。

我国是世界粮食生产与消费大国，粮食的供需状况不仅对国内人民生活水平有着重要的影响，而且关系到国际粮食市场的稳定。自 2004 年以来，国家先后实施了粮食补贴、最低收购价、产粮大县财政奖励等一系列粮食支持政策，初步形成了具有中国特色的粮食支持政策体系。为了营造更有利于国家粮食生产的外部环境，实现粮食增产及农民增收，我国在"十二五"规划中提出：要加快发展现代农业，实施全国新增千亿斤粮食生产能力规划，加大粮食生产主体功能区投入和利益补偿，以保障国家粮食安全。在 2013 年的《政府工作报告》中，更为针对性地将工业化、信息化、城镇化和农业现代化放到同步发展的地位，通过加快发展现代农业，增强农业综合生产能力，从而确保国家粮食安全和重要农产品有效供给。在相关政策的大力支持下，我国粮食综合生产能力稳步提升，截至 2012 年底，我国粮食产量实现"九连增"，连续 6 年超过 10000 亿斤。但是由于粮食本身的特殊性，尽管近年来国家不断加大扶持力度，种粮农民人均收入的提高幅度却并不明显，在全国的 13 个粮食生产主体功能区省份中，只有位于东部沿海的江苏、山东等 6 个省份的农民人均收入高于全国平均水平，其余 7 个省份均低于全国平均水平。同时，受农业基础设施相对落后、科技支撑能力欠缺、生产成本大幅增加、种粮收益持续偏低、气候条件不确定性逐年增强等因素的影响，使得保持国内粮食生产稳定发展、粮食产量稳步增长的难度逐年增加。农民在比较利益的原则下，种粮积极性不断降低，许多农民都调整了农业种植结构，致使粮食种植面积不断缩小，这种趋势必然会降低国家粮食安全的抗风险能力。

黑龙江省作为国家粮食生产的核心地区，一直承担着保障国家粮食供应与储备安全的重要使命。自 2007 年以来，黑龙江省粮食增产平均每年达 100 亿斤以上，2011 年粮食总产量为 1114.1 亿斤，成为国内产粮第一大省。然而，黑龙江省在全国的经济排名中却处于落后地位，拥有大量的耕地却只能用于低收益的粮食生产，而不能用于高收益的二三产业，使得省内 70 个产粮大县（包括国有农场）中有 43 个财政收入不足亿元，21 个没有摘掉贫困县的帽子，60 多个仍靠财政转移支付维持政府运转，大多数产粮大县的粮食生产可持续发展能力不足。

自 2004 年开始，国家共出台了 15 个中央一号文件，均将大力促进农业发展、积极解决"三农"问题、提升粮食综合生产能力、保障国家粮食安全等农业、农村、农民问题放在重要的位置。在 2019 年的中央一号文件中强调了要将建设高标准农田、全面推进粮食增产、夯实农业基础、保障重要农产品有效供给放在重要的位置，全面提升粮食产量、增加农民收入、提升粮食生产效率、提升粮食综合生产能力、实现农业的全面且可持续发展。

因此，对黑龙江省粮食生产主体功能区进行补偿，探索适合黑龙江省粮食生产主体功能区的，整合粮食利益补偿、农业生态补偿、粮食生产发展补偿的"三位一体"的动态补偿机制尤为重要，是黑龙江省粮食生产主体功能区实现可持续发展，推进黑龙江省千亿斤粮食产能工程的重要保障。

1.2 研究目的和意义

1.2.1 研究目的

要保障国家粮食安全,必须稳定并提高粮食产量,而粮食产量的提高有赖于粮食生产主体功能区种粮积极性的提高、粮食综合生产能力的提升、区域经济的发展及农业可持续发展。在市场经济条件下,要提高粮食生产主体功能区的积极性,提升粮食综合生产能力,实现区域经济及农业可持续发展,须给予一定的补偿。

因此,从粮食生产主体功能区可持续发展的角度出发,通过阐述现行黑龙江省粮食生产主体功能区补偿的现状及存在的问题,分析构建补偿机制的必要性、作用机理及现实依据,明确黑龙江省粮食生产主体功能区补偿的目标和原则、补偿的主体和客体、补偿的标准及方式等补偿机制的构成要素,并运用系统动力学进行仿真模拟,评价补偿机制的模拟运行效果。以期建立整合粮食利益补偿机制、农业生态补偿机制及粮食生产发展保护补偿机制的"三位一体"的适合黑龙江省粮食生产主体功能区发展的补偿机制,从而真正实现粮食增产、农民增收、地区经济增长、粮食生产主体功能区可持续发展、确保国家粮食安全的目的。

1.2.2 研究意义

作为国家粮食的主产省,黑龙江省粮食产量占全国粮食总产量的10%以上,其粮食总产量居全国第一位,对我国粮食安全有着重要的影响,因此,对黑龙江省粮食生产主体功能区实施补偿具有重要的理论意义和现实意义。

理论意义:①依据区域的不同特点,将不同区域划分为优化开发区域、重点开发区域、限制开发区域及禁止开发区域进行研究,并将限制开发区域界定为重点生态功能区及农产品主产区,提出粮食生产主体功能区的发展理念,对农业圈带理论、农业区域专业规划理论及空间规划理论进行了有效的补充。②为如何合理地协调不同经济利益主体之间的协调发展及社会福利的有效分配提供理论指导。③构建了适合黑龙江省粮食生产主体功能区发展的补偿机制的理论框架。

现实意义:①有助于提升农民积极性,增加农民收入,稳定并提高粮食产量,保障国家粮食安全。有效的补偿机制将能够补偿农民的经济损失,弥补种粮农民承担的维护国家粮食安全的大部分成本，最大限度地降低为保障粮食安全而牺牲的种粮农民的利益，使农民获得与从事其他生产大致相当的平均收益，提升农民的种粮积极性，对实现粮食增产、农民增收、保障国家粮食安全具有重要的意义。②有利于提升粮食综合生产能力、粮食产业化水平及农业生态可持续发展能力，促进黑龙江省粮食生产主体功能区的可持续发展。通过补偿机制的有效落实，粮食主销区反哺粮食生产主体功能区的互助政策等补偿政策的实施，不仅可以实现粮食综合生产能力的提升，而且使粮食生产主体功能区能够获得与其对粮食安全贡献相一致的补偿，实现粮食生产主体功能区的可持续发展。

1.3　研究方法

综合运用宏观经济学、计量经济学、区域经济学、规制经济学、农业自然科学等多学科的知识与原理，依据理论与实际相一致、相统一的原则，采用定性分析与定量分析相结合的方法、实地调查法、统计分析法、文献分析法、系统动力学方法等多种方法对黑龙江省粮食生产主体功能区补偿问题进行了深入的分析及探讨。

（1）定性分析与定量分析相结合的方法。通过定性分析的方式阐述了黑龙江省粮食生产主体功能区补偿的现状及存在的问题，借助演化博弈分析法分析了构建补偿机制的必要性，选取了影响因素分析过程中的指标，提出了确保补偿机制运行的保障措施及黑龙江省粮食生产主体功能区的发展战略。通过定量分析的方式确定了影响补偿机制的因素，在对影响补偿机制的因素进行定量分析的过程中运用了计量经济模型、结构方程模型及灰色关联度模型。

（2）实地调查法和统计分析法。为了获得更多的数据和一手资料，前往黑龙江省财政厅、农委等单位进行实地考察或通过电话的方式进行咨询，以获取研究所需的调查材料。同时，主要通过购买、复制、记录等方式对统计数据进行收集，数据来源主要包括《黑龙江省统计年鉴》、《黑龙江省农业统计年鉴》、相关厅局文件通知和领导讲话等。对数据的统计分析过程分为预备调查阶段，即通过黑龙江省财政厅、黑龙江省农委等相关通知、文件、报表等资料对黑龙江省粮食生产主体功能区补偿情况进行初步统计；数据分析阶段，即运用相关统计数据分析软件对数据进行进一步处理和分析；数据核实与校验阶段，即对处理后数据的科学性进行校验，确保数据分析的科学性和准确性。

（3）文献分析法。在开始本书研究及写作之前，对现有的国内外粮食生产主体功能区补偿的研究成果进行了查阅、分析和汇总，总结归纳了有关粮食生产主体功能区补偿方面的内容。同时，对粮食生产主体功能区补偿的研究领域前沿进行了分析与跟踪，奠定了坚实的理论基础。

（4）系统动力学方法。通过运用系统动力学的仿真模型对所构建的黑龙江省粮食生产主体功能区补偿机制进行模拟，对补偿机制的运行效果进行整体检验，全面论证所构建的补偿机制的合理性。

1.4 研究框架及研究内容

本书研究的技术路线如图 1-1 所示。

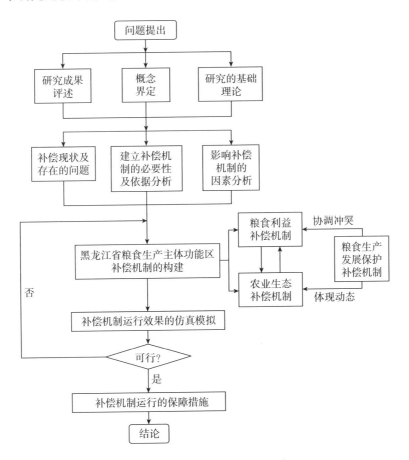

图 1-1 本书研究的技术路线示意图

第一部分是基础部分，包括第 1 章内容。介绍了本书的研究背景、研究目的和研究意义、研究方法，本书可能的创新点。

第二部分是理论参照系、现实参照系部分，包括第 2 章和第 3 章内容。界定了"粮食生产主体功能区""补偿机制"等具体的研究对象，对研究领域中所涉及的现有的研究成果及研究所需的基础理论进行了总结及评述，对国内外粮食生产主体功能区补偿的经验进行了分析和借鉴。这部分是全书的基础部分，为后续的研究奠定了理论基础，回答了"什么是粮食生产主体功能区及什么是补偿机制"。

第三部分是对黑龙江省粮食生产主体功能区补偿的情况及构建补偿机制的作用机理、现实依据的研究，包括第 4 章和第 5 章内容。第 4 章重点介绍了黑龙江省粮食生产主体功能区规划现状，分析了现行补偿的现状及补偿过程中存在的问题；第 5 章通过演化博弈分析、补偿机制的作用机理分析及现实依据分析，论证了实施补偿机制的必要性，并为补偿机制的建立提供了理论依据。这部分的研究回答了"黑龙江省粮食生产主体功能区为什么要建立补偿机制"的问题。

第四部分是研究如何建立黑龙江省粮食生产主体功能区补偿机制，包括第 6 章和第 7 章内容。第 6 章通过运用经济计量模型、灰色关联度分析法及结构方程模型，从定量分析出发，找出了影响补偿机制的因素，并为补偿机制的构建提供侧重点和主要立足点。第 7 章分析了补偿机制构建的目标、原则及框架，构建出适合黑龙江省粮食生产主体功能区发展的补偿机制。这部分的研究回答了"如何建立及建立一个怎样的黑龙江省粮食生产主体功能区补偿机制"的问题。

第五部分是研究如何完善黑龙江省粮食生产主体功能区补偿机制，为第 8 章内容，运用系统动力学的方法，对构建的补偿机制的运行效果进行仿真模拟，为补偿机制的合理性提供依据，并提出了保障黑龙江省粮食生产主体功能区补偿机制运行的措施。

第六部分是研究基于补偿机制的黑龙江省粮食生产主体功能区发展战略，为第 9 章内容，从集中有效资源形成定位清晰的开发格局、增强农业生态安全实现农业可持续发展、依托多元化手段促进粮食产业化发展的角度出发，形成基于补偿机制的黑龙江省粮食生产主体功能区发展战略。

1.5　可能的创新点

（1）定量分析了影响黑龙江省粮食生产主体功能区补偿机制的因素。应用经济计量模型、结构方程模型及灰色关联度模型对影响黑龙江省粮食生产主体功能区补偿机制的因素进行了定量分析，弥补了仅用定性分析所产生的缺陷。

（2）建立了促进黑龙江省粮食生产主体功能区发展的"三位一体"的，强调动态化的，以粮食利益补偿机制、农业生态补偿机制、粮食生产发展保护补偿机制为核心的补偿机制。所建立的补偿机制充分考虑了粮食增产、农民增收、区域经济增长、粮食生产主体功能区可持续发展、国家粮食安全等因素。补偿机制的主要特点是综合考量各相关要素，强调动态化，建立既相互独立又相互作用的粮食利益补偿机制、农业生态补偿机制和粮食生产发展保护补偿机制。其中，粮食利益补偿机制和农业生态补偿机制虽然长期目标是一致的，但在短期内可能存在冲突，粮食生产发展保护补偿机制的建立不仅可以间接地为粮食利益补偿机制和农业生态补偿机制提供支持，而且通过促进粮食产业化、规模化经营，提高粮食综合生产能力的方式，可以有效协调粮食利益补偿机制和农业生态补偿机制所产生的冲突，以此形成一个立体的补偿体系。

（3）根据系统动力学的相关理论及补偿机制的特点，构建了黑龙江省粮食生产主体功能区补偿机制运行效果系统动力学模型，首次运用系统动力学模型对补偿机制的运行效果进行仿真模拟，预测所构建的补偿机制的运行效果，检验所构建的补偿机制的有效性。

2 理论参照系：研究的核心概念及研究进程

2.1 核心概念界定

2.1.1 粮食生产主体功能区

（1）主体功能区内涵的阐述。主体功能区这一概念是以国外空间规划概念为基础，借鉴国外区域发展规划、区域经济协调发展等诸多理论，综合我国现有国土面积、人口布局情况和资源环境承载能力及原有的区域发展状况等因素提出的。因此，作为我国创新性提出的概念，主体功能区的内涵尚未得到清晰界定，从事该领域研究的专家学者从不同的角度出发对主体功能区的内涵进行了论述。李宪坡（2008）认为主体功能区是一个地理空间、职能空间、政策空间的复合体。魏后凯（2009）认为主体功能区是为规范和优化空间开发秩序，按照一定指标划定的、在全国或上级区域中承担特定主体功能定位的地域。冯德显（2008）、王振波（2010）等关于主体功能区内涵的界定思路相近，认为主体功能区是以区域资源环境承载能力、现有开发密度和发展潜力为依据，统筹考虑区域发展的各种因素，并将特定区域确定为特定主体功能定位类型的一种空间单元与规划区域。樊杰（2013）认为主体功能区是对国土的空间规划，以实现国土空间开发格局的优化，形成基于主体功能定位的城市化、农业发展及生态安全格局。徐沈（2014）提出了主体功能区农业的概念，认为主体功能区农业是一个相对动态的和历史的概念，是在区域主体功能划分的基础上形成的新型农业产业，与传统农业产业有着显著的差别，它是在农业发展新阶段产生变化的一种新探索，也是农业发展史上的一个重要阶段。主体功能区农业发展借助于主体功能区规划的空间管治理念，通过空间结构的优化，推进区域农业发展的现代化。

（2）主体功能区的划分。国家发展改革委宏观经济研究院国土地区研究所课题组（2007）最先分析了我国主体功能区划分、分类政策制定等方面的主要问题、基本原则、总体思路和具有的重要意义，同时对我国四类主体功能区的政策重点分别进行了导向性的论述。2010年，全国主体功能区规划中明确将我国的主体功能区划分为优化开发区域、重点开发区域、限制开发区域及禁止开发区域，其中限制开发区域包括重点生态功能区及农产品主产区。国内许多学者就该问题进行了研究，从不同的角度进一步明确了我国主体功能区的划分。孙久文、彭薇（2007）以强调主体功能区的主体功能作用为依据来划分主体功能区。张广海（2007）运用状态空间法以资源环境承载力、开发密度和发展潜力等因素构成的指标体系为依托，对主体功能区进行了划分。叶玉瑶等（2008）以生态功能分析作为研究的视角，对主体功能区划定方法进行了研究。马仁锋（2010）构建了由区划哲学层次方法、区划科学层次基本方法、区划实践层次具体方法构成的三层一体的主体功能区划方法体系。石刚（2010）以省为主体功能区的划分单元，通过采用基于资源、环境、经济三维度的改进的功效系数法，以划分单元的承载力为切入点进行主体功能区划分，从主体功能区区划方法体系角度进行研究。郝大江（2012）从要素适宜度视角对主体功能区的划分依据进行了分析。尽管在对主体功能区划分过程中基于的视角及切入点有所不同，但是均以全国主体功能区规划作为出发点和总依据，作为限制开发区域的一部分，提出粮食生产主体功能区。马永欢、牛文元（2009）从粮食生产主体功能区的设立依据、核心目标等方面入手，对中国粮食生产主体功能区进行了核心设计，论述了设立国家粮食生产主体功能区的意义，认为设立粮食生产主体功能区是应对国际粮食问题、确保国内粮食安全的重要战略选择。朱湖根等（2009）确立了粮食生产主体功能区优选和布局的原则，在此基础上以淮河流域为例提出了促进粮食生产主体功能区建设的政策建议。夏国锦等（2010）通过对萧山区粮食生产主体功能区的研究，认为粮食生产主体功能区在保障国家粮食安全方面起到了积极的作用。郑菲等（2018）从资源、环境、经济、社会四方面出发，根据资源环境承载能力的不同对主体功能区进行了划分，指出在充分考虑各方面因素的情况下可以将主体功能区细化为优化开发区、重点开发区和适度开发区。

依据学者目前对主体功能区内涵的界定及对划分情况的研究，可以将主体功能区划分为优化开发区域、重点开发区域、限制开发区域及禁止开发区域，其中限制开发区域包括重点生态功能区及农产品主产区。

因此，粮食生产主体功能区可以进行如下定义，粮食生产主体功能区归属于主体功能区划分中限制开发区域的一部分，是指具备良好的农业发展条件，从保障国家农产品安全以及中华民族永续发展的需要出发，把增加粮食产量、增强农业综合生产能力、提高农民收入作为发展首要任务的区域，是产地环境优良、能够保证国家粮食质量安全的区域，是强调农业协调可持续发展的区域，是以提供农产品为主体功能、保障农产品供给安全的重要区域，该区域限制进行大规模高强度工业化及城镇化开发。粮食生产主体功能区的选择与布局应遵循充分发挥资源禀赋优势原则、粮食安全原则、粮食生产优质化与规模化原则。

基于粮食生产主体功能区定义及选择、布局原则，可将黑龙江省的"三区五带"优势农产品主产区作为粮食生产主体功能区，即农业生产条件较好的松嫩平原、三江平原和中部山区，以松嫩平原、三江平原农业综合开发试验区为主体；以优质粳稻为主的水稻产业带，以籽粒与青贮兼用玉米为主的专用玉米产业带，以高油高蛋白大豆为主的大豆产业带，以肉牛、奶牛、生猪为主的畜牧产品产业带以及马铃薯产业带。

2.1.2　补偿机制

（1）补偿的内涵界定。《新华词典》中将"补偿"定义为"补上损失、消耗，补足缺欠"。基于《新华词典》中对补偿的定义，在粮食生产主体功能区中的补偿可以定义为通过对相关影响因素的分析，根据既定目标的变动规律及变动趋势，以年为单位，逐步分层次而非事后一次性地对粮食生产主体功能区的损失、消耗进行补充，补足缺欠，并随时对补偿的内容进行调整，强调动态化；同时，本书所提及的补偿强调粮食利益补偿、农业生态补偿及粮食生产发展保护补偿的协调运行。

（2）机制的内涵界定。目前，"机制"在自然领域、社会领域及经济领域均有着较为广泛的应用，如市场机制、价格机制、竞争机制、生理机制及约束机制等。在自然科学中，机制是指生物有机体内部的结构、功能及其相互作用。借助于自然科学中机制的概念，本书认为机制是由多个要素构成的有机整体，各构成要素之间存在着相互依存、相互作用的联系，且各构成要素间相互依存、相互作用的关系及各要素相互作用的运行过程是有规律的，这些规律是各要素之间内在的、本质的、必然的、稳定的、普遍的联系，是一种动态的物质运动过程，在一定程度和范围内可以实现自我调节。

第一，机制与制度的区别。制度是指在不同的部门、不同的岗位要求大家共同遵守的办事规程或行动准则，目的是使各项工作按计划、按要求达到预计目标。机制是动态的，而制度是静态的，制度可以作为外在力量，在机制无法实现自我调节时保证机制正常运行。

第二，机制与系统的区别。系统是将同类事物按一定的关系联合起来，将零散的东西进行有序的整理、编排形成的，是由相互作用、相互依赖的若干组成部分结合而成的，具有特定功能的有机整体。而机制不仅关注一个客观系统内部各要素的组织结构，而且关注各要素和各子系统之间相互作用的、具有规律性的运动过程及运动方式。

（3）补偿机制的内涵界定。所构建的黑龙江省粮食生产主体功能区补偿机制由粮食利益补偿机制、农业生态补偿机制及粮食生产发展保护补偿机制三方面构成。因此，所构建的补偿机制首先是研究各补偿机制内部的构成要素，构成要素之间相互影响、相互作用的规律及各补偿机制的运行方式、运行途径，特别强调补偿的动态化；其次是研究三个补偿机制之间的协调关系。通过一定的运行方式和运行途径，将各构成要素及三个补偿机制有机地联系在一起，以此达到既定的目标。

2.2 关于主体功能区方面的研究

2.2.1 粮食生产主体功能区的相关理论研究

（1）农业圈带理论。1826 年，德国农业经济学家约翰·冯·杜能出版了《孤立国同农业和国民经济的关系》一书，首次系统地阐述了农业区位理论的思想，奠定了农业区位理论的基础。杜能在不考虑其他因素的情况下，仅考虑了粮食生产地与消费地之间的运输费用因素，并以此因素为依据建立了农业生产空间变化模型。杜能提出了以单一运输费用为依据将农业生产进行区位划分的农业生产布局模式，阐述了不同的市场距离对农业生产集约程度和土地使用方式的影响，认为发展农业的类型应服从区位的客观规律和优势。

同时，杜能认为应将农业生产区位划分为不同的圈带，根据农业生产过程中所处的不同圈带进行农业生产方式的空间合理配置，一般在城市附近生产较难运输且容易腐烂的消费型产品。随着远离城市，种植相对于农产品价格而言运费小的作物。通过不断的区域调整和划分，形成以城市为中心、由内向外的同心圆结构，在由内向外的同心圆结构辐射过程中农业组织形式依次为：自由式农业、林业、轮作式农业、谷草式农业、三圃式农业和畜牧业。具体为：第一圈带为自由式农业圈，主要生产由于容易腐烂而较难运输的农产品，如蔬菜、鲜奶、草莓等，其规模由周围城市人口规模所决定的消费量大小而决定；第二圈带为林业圈，主要为城市提供薪材、建筑用材、木炭等，从经济学节约运输费用的角度考虑，需要离城市较近；第三圈带为轮作式农业圈，主要种植和生产谷类和饲料作物，并在每一块地实施六区轮作，分别为马铃薯、大麦、苜蓿、黑麦、豌豆，其中耕地的50%种植谷物；第四圈带为谷草式农业圈，主要为谷物、牧草、休耕轮作地带，并在每一块地实施七区轮作，分别为黑麦、大麦、燕麦、牧草和荒芜休闲地，在本圈带内总有一区为休闲地，其中全耕地的43%为谷物种植面积；第五圈带为三圃式农业圈，此圈带为距离城市最远、最粗放的谷物农业圈，并在每一块地采取三圃式轮作制度，即进行黑麦、大麦、休闲区三区轮作，其中全耕地的24%为谷物种植面积；第六圈带为畜牧业圈，其为杜能圈的最外圈，主要分布在城市郊外，为城市提供日常所需的肉类和奶类制品，其具有更新周期快、商品率高的特点；在六个圈带之外的区域，地租为零，是无人利用的荒地。可以看出，杜能将第三至第五圈带规划为谷物专业化区域，实质是专门提供商品性谷物的粮食生产主体功能区，并认为通过农业生产区位的划分可以有效地提高粮食专业化的生产水平，杜能圈如图2-1所示。

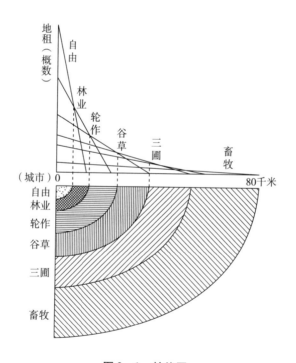

图2-1　杜能圈

布林克曼完善了杜能的费用最低化区位理论，在考虑粮食生产地与消费地之间运输费用影响因素的基础上，在对农业区位进行布局和划分的过程中，还考虑了集约程度高低、自然条件状况、经营者本身的特征及整体经济发展水平等影响因素，从费用最小化的角度出发进一步研究了粮食生产的区位问题。

（2）农业区域专业化理论。农业区域专业化是指在一定区域内，根据区域特点所形成的比较优势，专门生产一种或少数几种面向全国或国际其他市场的农产品。农业区域专业化有利于促进农产品生产有效形式的形成，有助于促进农业资源的合理分配和利用，能够提高农产品的数量、质量，提升农业劳动生产率和农产品商品化率，实现农产品生产和粮食生产的区域化生产和布局。农业区域专业化理论的内容丰富且类型较多，其中具有代表性的理论为美国及西欧国家的商业性谷物专业化地带理论、苏联及东欧国家的谷物专业化地带理论、日本以大米为主的商业性谷物专业化区域理论、印度的"农业精耕县"体系建设理论。主要得出以下几方面的结论：首先，为了保障粮食生产能力，提高粮食产业化的经营水平应该根据所处区域农业生产和发展的比较优势建立农业生产专业化区域，进行农业区域专业化生产，并逐渐发展成为粮食生产主体功能区，同时，粮食生产主体功能区是一个逐渐形成并渐进发展的过程；其次，在进行农业区域化生产的过程中，应充分考虑农业生产的自然条件、农产品市场、经济环境等影响农业区域化生产及粮食生产主体功能区建立的条件和相关影响因素；最后，应充分整合和调动相关资源，特别是政府部门的财政政策促进粮食生产主体功能区的发展。

（3）空间规划理论。空间规划是由公共部门使用的影响未来活动空间分布的方法，它的目的是创造一个更合理的土地利用和功能关系的领土组织，平衡保护环境和发展两个需求，以达成社会和经济发展总的目标。E. Howard（1898）首次提出了著名的"田园城市"理论，是对空间规划理论的最早探讨，提出了国土规划首先要进行区域调查和分析，然后才能进行规划的设想，第一次明确了国土规划的大致地域范围、目的、要求和大致程序，认为应在对不同区域进行实际调查的基础上，根据不同区域的发展优势对国土进行全面且有效的规划，并提出了在国土规划过程中应遵循的目的、要求及大致程序。Register、Peeks（1996）以人类居住形式的演变过程为切入点，提出了 21 世纪区域开发必然体现人类对自然资源最大限度集约使用的要求，从而引出"生态城市"的概念。以美国学者 Michael Greenberg（2001）为代表的学者则提出了"生态优先"的概念，他们认为将土地的潜在经济价值置于生态过程之前致使城市无序蔓延，破坏了生态环境，而合理的区域发展思路应强调区域生态价值和服务功能与土地开发利用政策的相互作用。Mattingly（2010）认为应重视对限制开发区和禁止开发区的协调发展，指出国土规划的直接目的是为了提高国民生活质量，需要额外关注贫困人群和弱势群体。Joint Ore（2017）认为应引导好空间有序发展，协调好人口、资源与环境发展和区域整体发展。

农业圈带理论、农业区域专业化理论及空间规划理论是以建立粮食生产主体功能区方式进行粮食生产的重要理论依据。本书将借助上述理论中提出的影响粮食生产的区位因素及发展粮食生产主体功能区的影响因素，结合黑龙江省的实际情况，对黑龙江省粮食生产主体功能区进行划分和界定，并对其现实情况进行全面的总结分析。同时，将以农业区域专业化理论中提出的应充分利用相关的财政手段促进粮食生产主体功能区发展的观点为基础，分析黑龙江省粮食生产主体功能区进行补偿的必要性。

2.2.2　关于主体功能区实践方面的研究

国外将主体功能区的划分称为国土空间规划。目前，世界发达国家尤其是国土面积较大的国家，大多通过划分标准区域为实施区域管理和制定区域政策提供依据。

（1）国外典型国家的国土空间规划。欧、美、日等发达国家均十分重视国土空间规划，在充分发挥市场控制作用的前提下，注重资源、环境、生态、经济的协同发展，协调各地区间的发展差异，实现区域间空间布局的优化。

第一，德国的国土空间规划。德国是最早开始实施空间区域规划的国家，起源于 20 世纪初的"以柏林和慕尼黑等大城市为中心"的区域规划，目的是解决因工业化、城镇化所带来的人口急剧增长、城市扩张和基础设施重复建设的问题。德国将国土空间规划称为"空间秩序（发展）规划"，是较早进行全面国土规划的国家之一。"二战"结束后，德国为了解决国家内不同区域发展不平衡、不协调问题，同时，受到可持续发展理念和全球化的影响，开始对国土进行空间规划。德国的国土空间规划以对柏林市和慕尼黑市的区域规划为开端，将"代内和代际公平"的理念加入到国土空间规划中，打造高效率的国土空间，提升德国参与国际竞争的能力。德国对鲁尔工业区进行了整体且全面的区域规划，并成立了专门的负责国土空间规划的部门，负责对德国国内的国土进行全面的整治和规划。21 世纪以来，由于受到资源、生态环境破坏的影响，德国的国土空间规划开始以立法的形式注重生态环境保护治理。可以看出，德国的国土空间规划始终以空间均衡发展、保证舒适的居住空间、便利的生产空间、公众广泛参与、体现生态环境保护和可持续发展为其规划的主要依据。

第二，法国的国土空间规划。法国将国土空间规划称为"国土（领土）整治规划"。法国于 1950 年首次提出了国土整治的观点，以期用全面且综合的观点研究国家和地区的发展，以国土总体规划的方式指导各地区及各项建设，并且利用全局的观点强调地区与地区之间、产业与产业之间的均衡发展。法国的国土整治分为生态环境整治规划及不同区域的整治规划两个主要部分，生态环境整治规划包括整治河流、山地和海岸；在不同区域的整治规划中，根据区域的具体情况，将区域划分为大城市区域、老工业基地、落后地区、重要旅游地区，提出了促进区域发展的整治规划。

第三，日本的国土空间规划。日本将国土空间规划称为"全国国土综合开发规划"，其规划体系分为全国、区域、都道府县、市町村四个层次，全面指导国土规划的开展。截至目前，日本就国土空间规划问题共进行了五次全国国土综合性开发规划，其宗旨为促进日本国土的均衡发展、解决城市布局不合理问题、协调不同区域间经济发展、实现日本经济社会等方面的协同且可持续发展。日本将全国划分为过密、整治和开发三类地区，采用"定居圈"的开发方式，控制大都会的发展，解决过密、过疏问题，计划建设多个具有特定功能的"极"，形成多极分散型国土，支持地方具有个性的、自立型的发展。日本的国土空间规划强调以人为本的规划理念，旨在提高社会福利，为人们营造适宜生活的环境，达到全国均衡发展。日本的国土空间规划经历了不同阶段：第一阶段，20世纪50年代，日本为实现地区间的均衡发展，通过对区位条件优越的大城市进行合理、有效的配置开展国土空间规划，以实现缩小地区间经济发展差距、防止大城市过度扩张的目的；第二阶段，20世纪70年代初，日本的国土空间规划以创造和实现富裕的生活为基础，通过建立全国性的新交通通信体系，促进了不同区域的均衡式、特色式发展，全面提高土地的利用效率；第三阶段，20世纪70年代末，日本的国土空间规划将以保护自然和生态环境作为重要的目标，强调要建立宜居、优美的居住环境；第四阶段，20世纪80年代中期，日本的国土空间规划引入了新的规划理念和思路，提出了建设"多极分散型"国土格局的新设想，以缩小地区间发展的差距、完善基础设施建设，顺应日本经济的国际化发展；第五阶段，21世纪以来，随着经济全球化发展，日本的国土空间规划发生了变化，即通过构造一个独立和互相补充的广域综合体系，形成多轴型国土利用空间格局，强化地区间的合作、交流和资源共享，全面提升资源的利用效率。

第四，美国的国土空间规划。美国的区域规划注重区域结构的调整，区域发展战略的重点立足于工业区及高新产业区的建设，强调区域间的均衡可持续发展，提出国土区域规划应能实现经济增长、社会公平及环境适宜。美国的国土空间规划体系分为联邦级、州级、地区级和区域级国土空间规划，其国土空间规划过程中注重生态建设、环境保护、土地资源的合理利用、缩小区域之间的差异、促进区域间的经济发展及人民生活水平的提高。但是，美国在国土空间规划中各州均有其独立的立法，使得规划种类繁多，并缺乏有效的协调机制，从而存在着利益和体制上的冲突。

第五，巴西的国土空间规划。巴西在对国土空间规划的过程中，将国土划为疏散发展地区、控制膨胀地区、积极发展地区、待开发区和生态保护区五个基本的规划类型区，针对不同类型的规划区域实施不同的政策，我国主体功能区的划分与巴西的国土空间规划最为接近。

（2）国外国土空间规划的政策支持。为了促进国土空间规划的有效实施，各个国家均采取了行之有效的支持政策。①德国通过颁布《德意志联邦共和国国土规划法》《德意志联邦共和国国土整治法》《联邦德国区域（国土）规划法》将国土空间规划法制化，详细制定了国土空间规划的任务、原则、作用、方法、需要落实和协调的内容及预期的效果，促进了德国区域之间的协调可持续发展，对德国良好的空间秩序的形成发挥了重要的作用。②法国为了确保国土整治规划的有效实施，成立了国家领土整治委员会，颁布了《国土建设开发基本法》《地区协作法》及《协作和城市再生法》，进一步明确了国土整治规划中的区域划分，规定了国土划分的基本作用，明确了实现国土可持续开发和建设的目标。③日本政府对从法律层面规定国土开发的规划十分重视，成立了国土局、国土计划研究所，先后颁布了《国土综合开发法》《国土利用计划法》及《国土形成规划法》，确保了日本国土空间规划的顺利进行。④美国在推行国土空间规划过程中采用了自下而上的形式，即县级的国土规划最为详细、州级规划次之、联邦规划仅仅起到政策性指导的作用，成立了有关组织及制定了相关政策推进国土空间规划的实施。

国内对于主体功能区理论研究仍未形成比较系统的体系，所进行的研究主要集中在主体功能区的作用及主体功能区的政策支持。

（1）国内主体功能区的作用。从财富创造角度来看，推进主体功能区的形成就是将创造社会物质财富和修复自然生态财富提高到同一重要层次，以实现社会物质财富和自然生态财富生产的协调与平衡，因此，主体功能区的建立必须充分发挥其特有的作用。陈潇潇、朱传耿等（2006）将主体功能区的主要功能归结为促进区域的分工与合作和优化资源空间配置。郁鹏（2007）则认为通过推进主体功能区的建设，可以促进区域协调发展。李献波等（2009）通过对主体功能区建设中行政主导下区域隔离发展现象的分析，发现主体功能区的建设可以促进政府和市场双效运行机制的形成。此外，一些学者将主体功能区的作用进一步扩展。车冰清等（2008）以发挥主体功能区的功能为依托，提出了基于主体功能的竞争型、互补型和共享型三种促进区域经济发展的新合作模式。杜黎明（2009）认为发展方式的转变必须依靠空间开发秩序的规范，而主体功能区的建设能够达到促进发展方式转变的目的。韩青（2011）从空间界限、功能定位、指标控制角度揭示主体功能区规划与城市总体规划空间管制分区的相似性和差异性，并对两者进行解构与重组，尝试探索城市总体规划和主体功能区规划管制空间的耦合关系。杨伟民等（2012）在主体功能区战略研究总报告中指出，通过实施主体功能区战略能够实现构建高效、协调且可持续的美好家园。梁佳等（2013）主体功能区的理论创新将空间维度重新纳入理论分析。主体功能区的不断发展及其变化是土地政策在空间维度上的一种表现。彭迪云等（2013）通过建立概念模型，说明主体功能区与产业集群具有共生效应，会产生新的正能量，且输出的能量大于两个共生单元的能量之和，从而实现资源的优化配置。念沛豪等（2014）通过对主体功能区的综合区分、智能化区分、国土空间动态区分，实现对国土空间的优化配置，构建区分模型与决策辅助系统，更有效地为促进社会经济发展，社会—经济—生态符合系统良性循环提供有力支撑。张捷等（2014）基于广东省主体功能区，构建模型提出征收碳税和经济增长与地区的产业结构、能源结构密切相关，但是碳税政策的制定需要考虑各地的产业发展以及经济承受能力，认为应通过对主体功能区的综合考量征收碳税走经济发展与生态环境相协调的绿色低碳发展道路。郝大江（2014）通过对主体功能区建设理论的探索，提出应在经济全球一体化背景下因地制宜选择区域经济集聚核心，提高基础设施、服务水平，促进要素、技术及产品在区域间的流动，带动地区经济发展，形成优势互补、互动合作的区际发展格局。廖晓慧等（2016）从生态补偿角度出发，提出了以主体功能区为基本格局的国土空间构建，改变了传统的区域经济发展结构，为生态补偿制度的完善和发展确立了新型空间布局框架。刘玉等（2017）讨论了主体功能区指导下的产业发展与城市总体功能的协调性，认为围绕功能区定位发展产业能够有效统筹区域产业布局、升级产业结构、提高地区竞争力。贺艳华等（2018）认为主体功能区规划对乡村转型有促进作用，确立与主体功能区定位相协调的乡村转型路径与政策，有利于实现差别化的区域发展战略，是区域城乡融合发展、实现乡村振兴的重要举措。刘云中（2018）提出主体功能区是区域协调发展的重要战略支撑，能够通过创造条件、助力市场、加快市场趋势的形成，克服市场自发力量所带来的负外部性，主要体现在缩小地区发展差距、扶持特殊类型地区的发展、加强生态环境保护、重大基础设施和重要的产业布局及加强区域横向协作等方面。

（2）国内主体功能区的政策支持。主体功能区的形成与发展是一个庞大的系统工程，需要有配套的政策给予支持，例如财税政策和环境政策。①在财税政策研究方面，康锋莉（2008）、王琪（2008）认为在主体功能区的建设过程中离不开财政政策的支持，提出的与主体功能区发展相适应的财政政策主要涉及政府转移支付和税收政策两方面，并从差别化的角度对与主体功能区相适应的财政政策的构成及设计思路进行研究。王朝才（2009）则提出了构建支持主体功能区发展的绿色财政政策的思路。贾康（2009）从保证四类功能区的居民享有均等化的基本公共服务和主体功能区形成条件的角度出发，相应提出了相适应的财税政策。肖碧云（2013）认为在实现主体功能区建设目标的过程中，既需要理论方面的不断创新，也需要提供财政政策方面的支持，提出为促进包括粮食生产主体功能区在内的限制开发区的建设，应采取支持—补偿型财政政策。王曙光（2014）从加大财政投入力度、优化财政支出结构、规范财政的转移支付制度及完善生态补偿机制等方面入手，提出了完善黑龙江省主体功能区建设的财政政策的建议。徐诗举（2016）认为主体功能区差别化税收政策即对符合主体功能区发展定位的经济行为进行激励，而对与主体功能区发展定位相悖的经济行为实行抑制，是激励性税收政策和抑制性税收政策的有机结合。黄朝晓（2017）认为实施分类调控财政政策是推进主体功能区建设的保障，为了保证落后地区也是国家重点保护的生态区坚守农业生产、水源保护和生态保护，就必须对这些地区建立财政补偿制度和转移支付重点支持政策，以确保当地基础设施和公共服务建设的资金需求，缓解地方政府财政压力，确保地方人民福祉。②在环境政策研究方面，徐会等（2008）、程克群等（2009）对主体功能区实施的环境政策体系的基本思路、框架设计方案和保障机制建立的途径和方法进行了分析。包振娟等（2008）认为主体功能区的发展需要建立多层次的区际利益补偿机制，重构地方政府官员考核制度，深入推进区域管理体制改革。吉新峰（2009）、安树伟（2010）对主体功能区建设过程中的协调机制进行深入的研究，认为我国主体功能区建设中的区域利益协调模式应该采用网络型的治理模式。昝国江等（2011）认为可以通过成立专门的协调机构、推进区域治理主体多元化、明确部门分工、建立和完善相关利益主体的参与机制和利益补偿机制等途径实现区域利益的有效协调。周民良（2012）从生态功能和经济功能结合的角度出发，提出应该针对重点开发、优化开发、限制开发和禁止开发各类主体功能区，采取分类调控、区别对待的环境政策和相应的考核体系。裴伟征（2012）讨论了改变"污染预防前置式"为"主动引导型"环境管理策略，将环境保护要求渗透到产业政策、财税政策、价格政策、贸易政策等经济政策制度和执行中，促进环境政策与其他政策协调统一。鲍超等（2015）认为在国家和省级主体功能区规划或单独编制的主体功能区规划基础上，要综合考虑城市群的发育程度、发展阶段、发展规模等多种影响因素，整合协调主体功能区划、生态功能区划、环境功能区划、生态红线规划中各类型区域的环境政策，最终建立一套完善的环境分区管治的政策体系。李为（2018）认为主体功能区的生态空间以生态保护为主体功能，限制工业开发，加强地质灾害、水土流失防治，强化水源涵养、水土保持和生态屏障作用、因地制宜地适度发展生态旅游业，建立和完善生态补偿机制，加大村庄环境整治力度。2018年，中共中央办公厅、国务院办公厅印发了《省级空间规划试点方案》，提出要以主体功能区规划为基础，全面摸清并分析国土空间本底条件，划定城镇、农业、生态空间以及生态保护红线、永久基本农田、城镇开发边界（以下简称"三区三线"），注重开发强度管控和主要控制线落地，统筹各类空间性规划，编制统一的省级空间规划，为实现"多规合一"、建立健全国土空间开发保护制度积累经验、提供示范。王颖等（2018）认为全面推进以"三区三线"为基础的空间规划是我国区域规划实践的重点，在未来的发展过程中，需要重视规划的后续管理，探索信息平台和管理机制，建立覆盖全域的管理信息化系统，确保规划落地、空间资源控制和保护。

2.3 关于粮食生产主体功能区补偿方面的研究

2.3.1 实施粮食生产主体功能区补偿的相关理论研究

（1）公共物品理论、准公共物品理论及外部性理论。公共物品理论是萨缪尔森首先提出的，其在《公共支出的纯理论》一书中阐述了公共物品和私人物品的概念，公共物品是指对一种商品或服务的消费不会减少其他人对商品或服务的消费，即其他人对商品和服务消费的满足感不会降低；私人物品是指归个人所有，可以进行分割，在分割后可以提供给不同的人，物品的提供不会对其他人产生外部利益或成本。公共物品与私人物品相比较而言具有效用的不可分割性、消费的非竞争性及受益的非排他性等特点。公共物品理论指出，如果一种物品是私人物品，其供求平衡应完全由市场机制决定，政府应不进行政策性干预；如果一种物品是公共物品，由于存在市场机制在公共物品供应上的失灵，因此政府应出台相应的政策进行干预，克服市场失灵，实现社会资源的优化合理配置。

由于存在着兼具公共物品和私人物品特征的物品，在公共物品理论基础上提出了准公共物品理论，将具有非排他性但不具有非竞争性的公共物品及具有非竞争性但不具有非排他性的公共物品纳入了准公共物品的范畴。准公共物品理论认为对于准公共物品而言，既可以通过公共决策过程由政府提供，也可以通过市场机制由私人部门提供。

新古典经济学家马歇尔首次提出了"外部经济"即"外部性"的概念。外部性也可称为"溢出效应"，是个体或企业在决策生产或消费行为时对其他个人或企业的福利产生的影响，是强加于其他个人或企业的成本或收益，包括正外部性和负外部性两类。在此基础上，福利经济学创始人庇古在论述私人边际成本和社会边际成本、私人边际纯产值和社会边际纯产值等概念及相关性的过程中初步形成了外部性理论。外部性理论指出市场不是万能的，要通过政府征税或补贴解决经济活动中存在的外部性问题，应对边际私人收益大于边际社会收益的投资，即产生负外部性的行为进行征税，对边际社会收益大于边际私人收益的投资，即产生正外部性的行为进行补贴，从而消除外部性的影响。

公共物品理论、准公共物品理论及外部性理论是粮食生产主体功能区进行利益补偿的重要理论依据。根据公共物品理论及准公共物品理论，在通常情况下，用于自身消费的粮食因具有排他性和竞争性而被作为一种私人物品，但是当粮食用于救助贫困人口，充当国家的粮食储备、保障国家粮食安全及满足联合国粮农组织提出的实现粮食安全的基本要求时，粮食具有了公共安全意义上的公共物品属性及准公共物品属性。同时，根据外部性理论，粮食生产主体功能区粮食生产的边际社会收益高于其边际私人收益时，具有正外部性，如提供国家的粮食储备及保障国家的粮食安全。因此，由于粮食的准公共物品属性及粮食生产的外部性，政府应对粮食生产主体功能区进行利益补偿，达到消除粮食生产的外部性，增加种粮农户的收益，引导种粮农户的生产决策，维持粮食产量，巩固国家粮食安全的目的。

（2）可持续发展理论。可持续发展是人类经历了以物质财富增长为核心的传统发展观及具有悲观色彩的零增长发展观后逐渐提出并被各国所接受的。可持续发展理论强调经济、社会和环境的协调发展，其核心思想是经济发展应当建立在社会公正和资源、环境、生态可持续的前提下，既满足当代人的需要，又不对后代人满足其需要的能力构成危害。目前，可持续发展理论表达了以下两个最基本的观点：一是人类要发展；二是资源的数量和环境的承载能力是有限的，现在的发展不能危及后代的发展。其中，生态可持续发展是指要求经济增长和社会发展要与资源、环境的承载力相适应，在发展的同时必须要保护好生态环境，要求保护生态系统的完整性，预防和控制环境污染与破坏，积极治理和恢复已遭破坏的生态环境，同时，政府应采取相应的政策进行生态补偿。

可持续发展理论特别是包含在其中的生态可持续发展理论是粮食生产主体功能区进行生态补偿的重要理论依据。受资源承载力的制约，农业区域的开发密度及种植的潜力是有限的，如果在一定时间内超越土地与环境所能负担的供给程度进行高强度的农业主体功能区塑造，在短时间激发的经济动力则需要与隐性负担的恢复资源环境成本、生态补偿成本相衡量。目前，为了在短期内实现粮食产量快速增长，在粮食生产过程中使用了大量化肥及农药，造成耕地资源的污染和生态环境的破坏，使得在长期内无法有效维持粮食产量，保证国家粮食安全。根据可持续发展理论，政府应采取相应政策对粮食生产主体功能区进行生态补偿，实现粮食生产主体功能区可持续发展。而且，以需求为导向的农业生产、以经济增长为核心的地区发展模式在缺乏环境保护制度和政策支持时，缺乏经济发展与生态系统的融合，导致资源禀赋无法达到最优化，不利于地区长期的均衡的发展。

因此，根据可持续发展理论，政府应采取相应政策对粮食生产主体功能区进行生态补偿，实现粮食生产主体功能区可持续发展。

（3）政府干预粮食产业理论。政府干预理论是界定政府与市场关系的重要理论。粮食产业具有较强的外部性特征，使单纯的市场机制无法弥补正外部性所产生的成本及消除负外部性所产生的成本。首先，市场机制无法在粮食生产领域自动实现资源配置的帕累托最优状态，必须借助于政府的政策手段；其次，农业生产资料市场存在着严重的信息不对称现象，加大了种粮农户的风险，需要借助政府的政策矫正由信息不对称引起的市场低效率；最后，要实现粮食安全，使得社会中所有的人无论富贵贫贱、无论是否具有购买能力均能获得所需的食物，是无法通过市场机制的自动调节实现的，必须依靠政府提供。

政府干预粮食产业理论是制定粮食生产发展保护政策的重要理论依据。从粮食供给角度来说，耕地面积及质量直接决定了粮食的产量，而耕地的使用和经营需要政府的干预。首先，集体农业土地的开发及使用权不能以市场为主导转变为私人物品的买卖，政府需要建立良好的农田激励保护机制，明晰产权，切实保证地区农户的利益。其次，政府要严格管理征用土地，保护耕地"红线"。建设用地的高额利润远远超过耕地所带来的粮食生产利润，如果完全以市场配置资源，耕地不断被占用，大量的农业用地转为建设用地，缺乏基础的耕地面积，粮食生产就会受到威胁，粮食供应与粮食安全无法保证。从需求角度来说，市场上的粮食价格受市场供需、自然条件的影响，粮食的生产周期长，仅以市场需求来调节市场价格容易出现粮食低价贱卖、生产成本过高的现象。为了解决市场失灵，政府需要制定粮食的最低收购价格及相关的补贴政策，保护农户的利益，维护粮食市场的稳定发展。

因此，政府干预在粮食生产领域由于市场机制无法自动地实现资源的有效配置，政府有必要对宏观经济进行调控，在粮食生产主体功能区实施合理的规划发展政策。

（4）利益补偿博弈理论。博弈论是研究决策主体的行为发生直接相互作用时的决策及决策的均衡问题，是对矛盾和合作的规范研究。博弈论思想的主要特征是博弈参与方所采取的行为相互依存，各博弈参与方在决策后所实现的收益不仅取决于自己的决策，也取决于其他博弈方的决策，是参与方决策行为的组合函数。按照博弈参与方是否存在约束机制，将博弈分为合作博弈、非合作博弈、零和博弈等多种形式。合作博弈即正和博弈，是指整体利益的增加，包括以下两种情况，一是增加了两个主体的利益，二是增加了单个主体的利益，而另一个主体的利益也并未受损失；非合作博弈是指个人行为与其他人无关，个人通过自主决策进行个别行动；零和博弈与非零和博弈相对应，是非合作博弈的一种，指一个博弈主体受益，另一个博弈主体受损，而且受益主体获得的利益与受损主体损失的利益的代数和为零，在这种情况下双方不愿进行合作。

在粮食生产的利益补偿中涉及众多行为主体，每个主体采取的每个行为都会或多或少地影响到其他行为主体的行为，结合不同主体的实际情况以及当前的经济、社会环境做出最有利的行为决策，特别是利益趋同的行为主体之间会有联合起来的趋势，与其他利益联合主体进行博弈。在整个博弈过程中，所有行为主体的行为及行为结果是相互影响、相互作用的，因此运用博弈理论能够对粮食生产主体功能区的生态补偿的各利益主体的决策行为以及背后的深层原因进行深入研究，并根据研究结果对粮食生产主体功能区的利益补偿的关系以及政策的实施提供决策参考和理论支持。所以博弈论是关于粮食生产主体功能区的利益补偿机制的理论基础之一，对于粮食生产主体功能区利益补偿的主客体的界定具有重要作用。

粮食产业具有较强的外部性特征，是单纯的市场机制无法弥补正外部性所产生的成本及消除负外部性所产生的成本，从而使社会资源分配效率低下。粮食生产者是单个的行为主体，承担粮食的生产责任，无论是盈利还是亏损都由粮食生产者自行承担。粮食的经营者承担粮食的收购、储存以及加工和销售等，并从中获取利益。粮食的消费者是粮食的获取者，从而满足自身对粮食的需求。粮食安全是稳定社会发展的基础，因此政府应参与其中，起到稳定社会发展和保障社会安全的目的，各利益主体在此过程中既有利益相同点又有利益矛盾点，因此各利益主体间形成了博弈行为。在粮食生产过程中，对粮食生产者进行补偿涉及的利益主体主要包括中央政府、粮食主销区政府、粮食生产者等。由于粮食的收益低，且粮食商品缺乏弹性，即使粮食的产量增加，粮食生产者的收入也不一定提高，导致粮食生产者不愿意生产粮食，将本该用于粮食生产的土地以及资本用于非粮食生产中，不利于粮食的安全。为了保障粮食生产的安全以及社会的稳定，形成了中央政府与各级地方政府、粮食生产者之间的博弈。政府是否对粮食生产者进行利益补偿取决于补偿后粮食的产量是否产生变化，若产量明显增加，政府才会进行补偿。

2.3.2 关于粮食利益补偿方面的研究

国外主要从实行粮食补贴、如何提高农民收入及扩大补偿范围等角度对粮食利益补偿进行了系统的研究。

（1）粮食补贴方面。Mary Keeney（2000）运用基尼系数法，对粮食直接补贴在爱尔兰农场收入分配中的影响做了详细的分析，并得出"相比市场性收入，直接补贴更应向低收入农场倾斜"的结论。Nigel Key、Michael J. Roberts（2007）从大农场的土地面积和生产经营规模扩大、农场规模和补贴水平之间的联系以及农产品计划往往将补贴水平与当前生产或历史生产相结合的角度分析，认为补贴更有益于大农场。

（2）提高农民收入及扩大补偿范围方面。Gardner（2002）从提高农民非农收入的角度来探讨粮食生产主体功能区农民利益补偿的实现路径，认为农业补贴政策最终会引起农业经营成本的增加，对提高农民收入的作用很小，只有增加农民的非农业收入才是提高农民收入的根本途径。Fred Gale 等（2005）则认为增加农民的非农耕作机会才能真正实现农民的利益补偿。Band Iassussan（2005）则从粮食生产主体功能区基础设施建设投入的角度出发研究农民的利益补偿问题，提出政府增加基础设施投入不仅能降低农业生产成本，而且能够吸纳农村剩余劳动力，能够消除城乡差距，真正提高农民的收入。James Macdonald（2006）提出要真正实现对于农户的补偿，必须提高农民收入，扩大粮食补偿的范围。Robert Hoppe（2012）认为要积极实行粮食生产主体功能区农民的保险政策，实现农民保险和农作物保险全覆盖才能确保农民的利益。

国内主要从粮食直接补贴政策及效果、粮食利益补偿机制、粮食利益补偿效率等方面对粮食利益补偿进行了全面系统的研究。

（1）粮食直接补贴政策及效果方面。我国对于粮食生产主体功能区的补偿方式主要是通过财政支农政策，从国家到地方层层落实，但在实际执行的过程中，针对农户的补偿未能得到有效落实，因此，国内的学者对于粮食生产主体功能区补偿问题进行较为系统的研究。①粮食直接补贴政策方面。陈波（2004）认为在遵循合理补贴、简便易行、适度渐增、制度效率等原则的前提下，可采用粮食风险基金及价格补贴的方式直接进行补贴。吴成福（2006）在研究国外发达国家实行的相关农业补贴政策的基础上，从建立符合世界贸易组织农业协议的补贴方式、构建农业收入支持体系、提高政策的执行效率等方面提出我国粮食生产主体功能区的粮食补贴政策。朱新华、曲福田（2008）则提出采用增长提成、税收和市场调节等多种方式的组合形式制定粮食直接补贴政策，补偿粮食生产带来的外部性。顾莉丽等（2012）则认为必须从补贴支持政策、投入支持政策和风险支持政策等方面对粮食生产主体功能区支持政策进行调整与优化。李立清（2015）在粮食补贴政策体系优化方面，提出了要延展政策目标、加大现代农业要素补贴力度、注重执行中的横向公平与政策效率、完善监督机制等优化策略，加强我国新型种粮主体的培育。朱福守（2016）认为要加大农业补贴资金投入力度、优化农业补贴支出结构、鼓励创新农业补贴措施、强化农业补贴绩效管理和加快构建农业补贴法律体系，深化农业补贴改革。王亚芬（2017）认为应逐渐弱化价格补贴政策，而我国政府高于市场的收购价推动了国内产量增加，同时也刺激了进口大增，因此应逐渐取消农产品价格补贴机制，发挥市场在价格决定中的作用。在创新粮食补贴方式方面，彭超（2017）认为需要理顺政策作用路径，在建立健全新型农业经营主体信息直报平台的基础上，摸清传统农户和新型经营主体每年的补贴收益，为农业补贴政策制定和执行提供"大数据"决策支持。②粮食直接补贴政策效果方面。叶慧、黄宗煌（2008）认为我国粮食补贴政策的实施应兼顾保持农田面积、维护粮食产量和价格、增加农民收入和保护生态环境等目标。周应恒（2009）运用全球贸易分析模型进行分析，认为粮食直补政策具有促进粮食作物播种面积增加的效果。黄季焜等（2011）通过对6个省份大样本随机抽样调查获得的1000多户农户数据进行分析，发现现行的粮食直补政策对粮食播种面积和粮食产量变动的影响很小。盛逖（2013）通过对2011年我国27个省份的粮食直补、粮食产量和农民收入等指标效率的研究，发现粮食直补政策几乎无法起到激励粮食生产的作用，因此急需改变粮食直补模式。彭澧丽等（2014）通过对2004～2011年全国稻谷、玉米和小麦生产数据的全面分析，发现粮食直补对稻谷和玉米的生产具有负向影响，对小麦生产具有正向影响。高鸣（2016）选取了2003～2014年全国农村固定观察点河南省样本农户数据所组成的面板数据，选用EBM模型和GML指数分析了2009～2014年河南省小麦生产技术效率和小麦全要素生产率，研究发现粮食直接补贴对农户的小麦生产技术效率具有积极作用，粮食直接补贴能促进经营规模为0～6亩农户的人力资本增长率和经营规模为6亩以上农户的要素投入增长率，显著提高粮食产量。刘振滨（2016）概括性地认为粮食的直接补贴政策可以缓解粮食生产成本上涨的压力、调动农民种粮的积极性、保障国家粮食安全、减少粮农的市场风险、提高农民收入。高铁梅等（2017）将我国18个省份（12个粮食生产主体功能区、6个非粮食生产主体功能区）分成三个地区组，建立六个动态面板数据模型，证明在粮食生产主体功能区和非粮食生产主体功能区农业补贴对粮食产量的提高上均有显著的促进作用，在非粮食生产主体功能区边际效应略强，认为农业直接补贴主要通过促进农业产出增长、增加农民转移性收入和推动农村劳动力转移三个途径提高农民收入。

（2）粮食利益补偿机制方面。随着我国对粮食安全与主要粮食产区发展关注度的不断加深，一些学者对粮食利益补偿机制进行了更为广泛的研究。赵波（2011）从健全与完善国家粮食风险基金制度、粮食安全基金制度、种粮直接补贴政策、政府财政投入机制和金融支持机制等方面对国内粮食生产主体功能区利益补偿机制进行了阐述。张谋贵（2012）从建立粮食区域补偿基金，加大向粮食生产主体功能区财政转移支付力度，建立健全国家耕地保护补偿制度、健全，以及完善粮食生产主体功能区金融支持政策四方面对建立粮食生产主体功能区利益补偿长效机制进行了研究。蒋和平（2013）认为粮食生产主体功能区利益补偿机制的建立将能够有效调动农民及各级政府的积极性，从而确保国家粮食安全。马增林等（2014）在对黑龙江省粮食生产利益补偿机制的形成与发展进行系统梳理的基础上，总结近年来黑龙江省实施粮食生产利益补偿机制的成效，尝试建立适合黑龙江省的粮食补偿机制。杨建利（2015）提出了要建立现金补偿、实物补偿、服务补偿、干部利益补偿等综合补偿体系，并对粮食生产主体功能区中的粮农补偿采取累进补偿方法，以期调动粮食生产主体功能区的地方政府抓粮、粮农种粮的积极性，确保国家粮食安全。祝洪章（2016）认为通过调整土地收益分配格局可以在很大程度上扭转粮食主体利益结构失衡和扭曲，形成更有效率和更公平的粮食生产利益补偿长效机制，可以考虑构建我国的土地发展权交易体系，以此解决由耕地发展权土地增值收益被忽视或分配不当所致的粮农、粮食核心主产区利益受损，耕地保护补偿不充分问题。辛翔飞等（2016）认为中央财政补偿和主销区补偿能够为粮食生产主体功能区营造相对宽松的财政环境，在此基础上，通过贷款、技术等方面的扶持政策鼓励产粮大县推进工业化、信息化、城镇化和农业现代化"四化"同步发展，提高粮食生产主体功能区的自我发展能力。吴珍彩（2016）认为反哺性补偿存在弊端，当粮食生产主体功能区农业综合生产能力达到一定标准后，应实施反哺性补偿和内生性补偿并重，强化并培育粮食生产主体功能区自我发展能力，提升粮食生产主体功能区"造血"能力，逐步实现以市场手段为主导的内生性补偿机制。王洁蓉等（2017）认为政府在财政补贴、农业发展项目支持等方面应该优先考虑粮食生产主体功能区，完善粮食生产主体功能区的利益补偿机制，提高纵向补贴标准，同时加强粮食生产主体功能区的横向补贴，对其他生产者产生正外部性的生产主体予以补贴。

（3）粮食利益补偿效率的研究。粮食利益补偿政策自 2004 年实施以来，其实施效率情况一直是我国学者关心的重点问题之一。高玉强（2010）运用数据包络分析法对 2004~2008 年各省粮食直补、粮食产量和农业从业人员等数据进行分析，得出粮食直补效率较低的结论。杨林等（2011）利用规模可变的产出导向DEA 模型对我国 1990~2010 年全国的粮食生产效率和 2010 年 31 个省份的粮食生产效率进行测算，得出投入要素的合理增加可提高粮食生产效率。曾福生等（2012）运用非径向 SBM 模型衡量了 2009 年我国各省粮食生产效率，发现化肥、有效灌溉面积和粮食播种面积对生产效率影响显著。然而，此类研究只能评价当期效率，无法考察粮食生产效率随时间变化的情况，使得对粮食生产效率的分析不够全面。因此，为了弥补上述研究的不足学者开始使用粮食全要素生产率指数对粮食生产效率进行全面的测算。魏丹等（2010）运用数据包络分析（DEA）对 1998～2007 年我国 30 个省份的粮食全要素生产效率指数进行了分析，指出政府的农业财政支出、人力资本和自然灾害等因素对粮食生产效率具有较大影响。高帅等（2012）运用 Malmquist 指数对 2003～2010 年陕西省 32 个县的粮食全要素生产效率进行了测算。闵锐（2012）基于湖北省 2004～2010 年的县域数据，运用序列 DEA 方法与 Malmquist 指数对湖北省粮食生产效率进行测算，发现技术进步是影响湖北省粮食生产效率的主要驱动因素。杨君茹、万莎（2013）运用 DEA - Tobit 模型对国内各地区财政支农问题进行了分析，提出各地应结合自身的特点促进财政支农资金效率的提高，促进传统农业向现代农业转变，实现粮食安全、农民增收目标与财政支农资金的有效耦合。刘宁（2014）运用数据包络分析（DEA）基于农户层面的面板数据对江苏省粮食生产技术效率进行测算，发现由于农户在粮食生产过程中投入了过多的生产要素，造成技术效率损失。管建波等（2014）运用非参数 Malmquist 指数法分析了良种补贴对中国棉花生产效率的影响，现行良种补贴政策对提升棉花生产效率作用有限。杨建利（2015）强调粮食生产主体功能区利益补偿应采取累进补偿的补偿方式，即对粮食生产主体功能区财政和粮农的补偿标准随着其粮食产量、商品粮数量的增加而提高的补偿标准，能够增加生产的粮食数量，同时，商品粮数量越大，补贴标准应越高，反之则越低。祝洪章（2016）认为对于粮食生产受偿主体来说，土地发展权交易与税收补贴结合的综合粮食生产利益补偿机制实现了法理、政策与经济现实的统一，粮食生产的经济利益补偿的可行性、经济性和社会性提高，可以提升其粮食生产积极性，有效保障粮食安全。

2.3.3　关于农业生态补偿方面的研究

国外在对农业生态补偿方面主要是实施了休耕补贴政策，在具体的实施过程中根据市场需求和库存量不断调整耕种面积的数量，以补贴农民为了保护耕地及农业生态环境执行休耕计划而带来的损失。

国内结合主体功能区的规划建设，对生态补偿、农业生态补偿及农业生态补偿机制方面均有一定的研究。

（1）关于生态补偿方面的研究。张成军（2009）提出采用行政区绿色 GDP 核算的方式确定生态补偿的方向和规模。白燕（2010）基于传统的生态补偿理论，探讨适合主体功能区建设的生态补偿模式。高新才等（2010）认为生态补偿方式可以由转移支付转变为政府购买，并通过政府与企业间的生态服务交易，实现补偿资金的集约利用和生态服务的有效供给。韩德军等（2011）通过对格罗夫斯—克拉克机制数学验证和修正，提出了确定生态补偿标准和成本方法、解决生态补偿资金来源等核心问题思路。王辉等（2011）提出了补偿的概念，认为补偿在生态环境的治理过程中能够起到重要的作用。徐梦月等（2012）以生态足迹法及生态系统服务功能的引力模型为基础，构建了主体功能区生态补偿模型。张新民（2013）探讨了补偿方式，认为资金补偿和实物补偿等"输血型"补偿形式是目前主要的补偿方式，从长远来看，应稳步提升政策补偿和智力补偿等"造血型"补偿比重。古南正皓（2014）提出应实行低碳补偿，建立低碳农业补偿机制，通过政府和市场两种调节手段对因为保护生态环境而使自身利益遭受损失的主体进行补偿，将环境外部效应内部化。蔡军等（2016）认为应该在生态受益地区的经济发展中分配一部分利益给生态功能区的居民，对于受补偿方而言是最为直接、补偿效果最快的资金补偿方式。于法稳（2016）认为应建立绿色农业生态补偿动态评估和考核体系，明确生态补偿的权责利，奖惩结合，树立绿色农业生态补偿的示范区。王晓莉等（2018）认为增加地方政府推动市场化生态补偿式扶贫的综合收益、增加其不推动该项目的执政公信力损失，将更显著地促成市场化生态补偿式扶贫项目推广的均衡稳定。王彬彬等（2018）强调"多中心治理与分类补偿"，认为农业生态环境问题涉及政府、民间组织、消费者、农民、企业等多方利益主体，并有公共品和非公共品属性之分，应以多中心的公共经济理论为基础，实行"多中心分类补偿"。

（2）关于农业生态补偿及农业生态补偿机制方面的研究。王欧（2005）等从补偿资金、补偿标准、补偿方式及融资方式等方面入手，构建了农业生态补偿机制，在借鉴国外农业生态补偿经验的基础上，提出了完善我国农业生态补偿机制的建议。王清军（2008）通过对我国农业生态补偿情况的研究发现，由于农业生态补偿的法律不健全，严重地制约了农业生态补偿的落实和实施。董小君（2009）从农业生态补偿的合理性、责任主体、利益相关者责任机制、补偿途径、补偿量等方面对全面构建我国农业生态补偿机制的基本框架进行了论述。何伟等（2012）提出了绿色农业生态补偿的概念，从财政金融支持角度出发，探讨了用于绿色农业生态补偿的补偿资金筹集、补偿制度及机制构建等方面的内容。林红（2013）在分析黑龙江省农业生态补偿机制的现状及理念的基础上，提出了完善黑龙江省农业生态补偿机制的具体措施，且主要侧重于农业生态补偿的立法方面。梅琳琳（2013）指出应完善农业生态补偿的法律法规，形成开源型的农业生态补偿方式，建立农业生态补偿示范区，以形成有效的且适合黑龙江省发展的农业生态补偿机制。李颖等（2014）以粮食作物的碳汇功能为前提，从补偿的原则、主体、方式等层面出发对粮食的补偿机制展开探讨，通过建立模型得出碳汇功能的生态补偿标准，将以此标准构建生态补偿机制，从而促进粮食产业的升级发展。刘尊梅（2014）提出农业生态补偿是指运用经济学原理保护粮食安全以及生态环境的重要手段，分别从主客观角度对制约农业生态补偿机制发展的因素进行了分析，并提出完善组织监管体系、财税制度、科技体系和法律法规等制度保障建议。同时，她对科学规划和逐步扩展农业生态补偿机制范围、开展试点和示范区工作，完善各项有关农业生态补偿机制的制度，增强利益主体对生态补偿机制的参与和认知的问题提出了相关的建议。李晓燕（2015）认为若要完善农业生态环境补偿制度，需要探讨目前的农业生态补偿制度，从环境保护力度与农业对生态环境造成的污染两方面进行效应分析，总结归纳了现有的农业生态补偿机制的效率与存在的问题，提出了市场补偿机制与政府主导的补偿机制应进行有效的结合，完善生态补偿机制。罗毅民（2016）对南水北调中线水源区的农业生态补偿机制以及生态补偿的效益进行了研究，发现南水北调的生态补偿方式过于单一，且过度依赖政府政策以及转移支付，并分别从农业生态环境方面、经济发展方面、社会效益方面对生态补偿机制提出了政策性的建议。宋博（2016）对农田碳汇功能生态补偿机制的理论依据和基本原理进行了基本分析，还对我国各省的碳汇功能生态补偿机制进行数据收集，因此通过建立补偿标准模型提出建立碳汇功能生态补偿机制对提高我国蔬菜以及粮食产量具有重要作用。吕晓英（2017）对农业生态环境改善的动因、农业生态环境改善活动的实质、改善活动中利益主体之间的关系进行分析，找出了农业生态环境改善的制约机制，并提出资源、环境与经济社会的协调发展对农业生态环境的协调发展以及生态补偿机制的完善具有重要作用。陈儒等（2018）通过建立多任务委托代理理论模型，从低碳视角分析了农业生态补偿契约中的激励关系，通过对调研农户的微观数据进行实证检验，得出农户在进行低碳农业生产中出现了逆向选择以及"搭便车"的现象，提出提升农户低碳生产的积极性是农业生态补偿机制的激励有效性的重要措施。姜志德等（2018）通过建立农业生产过程中的碳账户，运用计量模型对各省的农业净碳汇量进行测算以及修正，并且在此基础上对农业生态补偿的横向空间的低碳进行实证研究，提出低碳农业生态补偿的未来走势必然通过碳市场的市场机制得以发展和完善。

2.3.4 关于粮食生产发展保护补偿方面的研究

本书认为粮食生产发展保护政策主要体现在粮食最低收购价、粮食临时收储、粮食生产发展资金投入政策、粮食产销互助政策及产粮大县奖励政策五方面。因此，基于以上五方面，对国内外粮食生产发展保护政策方面的研究进行总结和梳理。

国外在粮食收储政策，粮食价格支持政策及金融政策支持粮食生产发展等方面均有一定的研究，对粮食收储政策的研究主要侧重于政府政策实施的效率、社会福利分析、粮食收储对粮食市场的影响及粮食储备规模方面。Shikha Jha（2001）通过对印度粮食储备政策的研究发现粮食储备政策在稳定粮食价格方面的作用较小。Rozell S.（2004）指出粮食收储政策能够起到影响粮食市场的供求关系、稳定粮食价格作用。Bigman（2009）运用随机模型对不同方案下的粮食安全程度进行了模拟比较，确定了保证粮食安全的合理的粮食储备规模。根据联合国粮农组织的规定，为了保证国家的粮食安全，国家粮食的储备规模应不小于当年粮食消费量的 17% ~18% 。

国内在粮食最低收购价格、粮食临时收储、粮食生产主体功能区与主销区互助政策及产粮大县奖励政策方面均有研究。

（1）关于粮食最低收购价方面的研究主要集中在粮食最低收购价定价机制的确定及对粮食最低收购价政策的效果评价。首先，粮食最低收购价定价机制方面。贺伟（2010）指出粮食最低收购价政策在稳定粮食市场上的粮食价格、提高种粮农户收益、保障国家粮食安全方面起到了积极作用，是国家调控粮食市场的一种较为有效手段。贺伟、朱善利（2011）将我国粮食产量及农民人均收入水平作为粮食最低收购价政策效果评价的切入点，发现该政策在稳定粮食价格、保障种粮农户收益方面有着积极的作用，并建议可以逐步建立以差额直补方式为主的替代政策。张爽（2013）通过对粮食最低收购价政策对农民行为影响的实证分析，证明该政策能有效地调动农民的种粮积极性、保护农民利益、保证重点粮食作物的市场供需平衡。王双进等（2014）通过对我国改革开放以来粮食支持政策的梳理分析与总结，认为完善粮食市场支持价格可以减少市场的扭曲，建立长效而稳定的粮食支持政策体系能够有效提高农户的积极性。张改清（2014）通过分析农户对粮食最低收购价格政策的认知、粮食最低收购价政策下农户储粮行为、粮食最低收购价政策下农户售粮行为、粮食最低收购价格政策下农户储售粮行为相应的收入效应进行实证分析，提出根据不同规模营粮户对粮食最低收购价政策的行为响应，划定粮食最低收购价格。郑风田等（2015）以小麦为例，从消费者、生产者、私人粮企、政府等多个角度分析了现行粮食最低收购价政策的社会福利影响，提出当前的粮食最低收购价政策有待于完善，粮食价格调控政策应谨慎进行，政府应当适当减少干预，给予市场更大的自发调整的空间。朱喜安等（2016）基于对粮食最低收购价格分析，得出不同品种的粮食收益率存在着ARCH 效应，在政策实施过程中要充分考虑不同粮食品种对保护政策的反应程度，对粮食的政策敏感性进行分层，强调要同时发挥政府和市场的调节作用。李国祥（2016）提出粮食最低价格政策下的收储库存呈现出积累性扩大的态势，是否长期执行粮食收购最低价格政策取决于粮食最低收购价格的政策是否完善，需要实行契约生产和契约收储为一体的政策,引入竞争机制,促进粮食最低收购价格政策下的市场出清。何青青等(2017)通过对我国2006~2017年实施的粮食最低收购价格政策的效果进行实证分析、建立回归模型,提出我国粮食最低收购价格政策的影响具有区域差异和品种差异,虽然最低收购价格政策的合理性在逐年增加,但是仍然存在库存不足的风险。万晓萌等(2018)在农业供给侧结构性改革的背景下,在最低收购价格的政策下,对农户粮食种植行为建立模型,分析得出粮食最低收购价格政策对农作物的种植面积增加具有促进作用,但同时也具有负面效应,并给出应理顺粮食最低收购差价体系、完善最低收购价政策并增强政策灵活性和弹性的政策建议。

(2)关于粮食临时收储政策方面的研究。徐志坚等(2010)认为对主要粮食作物在特定地区实行不定期的粮食临时收储政策,能够起到托底价格的作用。同时,由于粮食临时收储政策更具有灵活性,可以对粮食最低收购价政策形成较好的补充。刘克春(2010)通过研究发现粮食最低收购价政策和粮食临时储备政策相较于其他补贴政策而言,具有更大的影响力。刘斌(2013)对粮食临时储备政策的效果进行了评价。魏晓莎等(2015)提出由于实施农产品价格支持政策、临时收储政策使得我国农产品价格稳步上升,然而造成了社会资源的浪费和财政压力的增加,提出应以市场机制作为粮食支持价格形成的基础,建立农产品目标价格制度和实行直接补贴政策。樊琦(2016)通过对玉米实施临储制度以来玉米的产量情况和农民的利益进行分析,得出玉米临储制度促进了粮食增产,维护了国内市场稳定,但是政策调控仍存在多重性和缺陷,认为政府的玉米临储制度需要进行平稳的改革和转型。李宁等(2017)通过对粮食托市收购政策体系的构成、绩效以及运行中产生的问题进行实证分析,提出粮食临储制度的实施要进行市场化改革,充分发挥市场机制,国家不应再承担沉重的粮食储存的任务,实现粮食全产业链的顺价销售。蒋和平(2018)通过对我国现行粮食政策和特征进行分析,得出包括粮食临储制度在内的粮食政策导致粮食产业政策与市场存在冲突、科技兴农政策落实不到位、政策的实施不力等问题。

(3)关于粮食生产主体功能区与主销区互助政策方面的研究。龙方等(2007)认为建立良好的粮食生产主体功能区与粮食主销区的利益关系能够有效地保障国家粮食安全,并提出应从完善政府宏观调控、健全市场机制及明确主销区的责任等方面入手协调粮食生产主体功能区与主销区间的利益关系。马文婷等(2008)利用博弈分析的方法对粮食生产主体功能区与主销区的关系进行了分析,认为粮食主销区应对粮食生产主体功能区进行补偿,促进粮食生产主体功能区的发展。杨建利等(2012)通过研究发现"粮食大省,工业弱省,财政穷省"的局面依然存在,认为应采取积极措施实现粮食生产主体功能区与主销区的协调发展，建立粮食生产主体功能区与主销区利益平衡机制，从调整风险基金承担比例、征收庇古税、合理确定补偿额度等方面采取相应措施。刘宁（2013）在粮食安全的视角下，对粮食主销区的粮食需求以及耕地面积进行了实证分析。结论显示由于粮食主销区耕地赤字不断加大，使得粮食主销区的粮食需求逐渐增加，应加大粮食生产主体功能区与主销区互通互联力度。张海姣等（2013）通过对我国当前粮食生产主体功能区与粮食主销区责任和利益状况进行分析，得出当前粮食生产主体功能区与粮食主销区存在严重的利益失衡，提出要实施责任共担、利益共享的粮食跨区域交易，对粮食生产主体功能区进行双重利益补偿。李丰（2015）通过建立模型确定了国内粮食生产主体功能区、粮食主销区、粮食平衡区三大区域，提出要打破行业壁垒和区域封锁，采取粮食购销大户开展联合收购、委托收购，建立长期稳定的产销合作关系，同时发挥行业协会等力量引导促进粮食主销区与粮食生产主体功能区的合作，做好粮食收购、运输、储备的工作。王跃梅等（2016）在农村劳动力大量外流、农民放弃粮食生产转向收益更高的非粮产业的背景下，提出在新型城镇化和工业化的发展下，国家应该进行大规模的种粮补贴，切实实施粮食主销区与粮食生产主体功能区的产销合作，适当增加进口，保障粮食安全，注重粮食产出结构调整，保护粮食生产能力。王文龙（2017）认为《全国土地总体规划纲要 2006 ~ 2020 调整方案》有利于提升土地资源的配置效率，但增加了粮食生产主体功能区产粮负担，导致粮食生产主体功能区与主销区发展机会不均等，影响国家粮食安全，提出应该建立比较公平的粮食安全责任分担机制，提高粮食主销区与粮食生产主体功能区的合作效率，建立安全的粮食产销合作机制，提高耕地生产效率，夯实粮食安全基础。王莉等（2018）通过引入政府强制分工概念，构建了区域强制分工的基本理论框架，分析了粮食生产主体功能区与粮食主销区在强制分工背景下的反应及影响，通过建立 DID 基准回归模型，得出由于强制分工导致粮食生产主体功能区与粮食主销区的利益分配不均衡，粮食生产主体功能区的生产积极性下降，政府应该建立粮食主销区对粮食生产主体功能区的利益补偿机制，同时对粮食生产主体功能区的劳动者进行补偿，提高生产积极性，保障粮食安全。蔡雪熊等（2018）对中国七大粮食主销区的面板数据，依据柯布—道格拉斯生产函数，实证分析了五大影响因素对粮食主销区粮食生产安全的作用与影响程度，得出土地投入产出因素对粮食生产安全的影响最大，应该实行耕地占补平衡政策，在保证土地资源优化利用的条件下与粮食生产主体功能区签订粮食安全合作协议，保证粮食主销区的粮食安全。

（4）关于产粮大县奖励政策方面的研究。2009 年，黑龙江省财政厅提出了应提高产粮大县奖励资金的使用效益，提出应从界定产粮大县奖励资金的使用范围、及时分配拨付及强化监督管理等方面入手确保奖励政策效用的发挥。亢霞（2012）以黑龙江省巴彦县、虎林市和海伦市为例，深入分析了现行的产粮大县奖励政策存在的问题，并提出了相应的解决对策。康涌泉（2013）提出粮食安全是最基本的国家安全，目前的"粮食大县""财政穷县"严重影响了粮食生产主体功能区生产粮食的积极性，为此，需要粮食生产主体功能区、粮食主销区以及政府建立对粮食大县的利益补偿机制，以及建立对粮食大县的奖励政策机制，健全对农民的利益保护机制，调动粮食大县农民进行粮食生产的积极性，保障国家粮食安全。梁謇等（2015）提出黑龙江省是全国产量第一大省，肩负着保障国家粮食安全的重任，因此完善黑龙江省粮食利益补偿机制、调动粮食主产县和种粮农民的积极性尤为重要，通过对黑龙江省产粮大县的获得的奖励情况、粮食利益补偿机制实施的效果运用最小二乘法进行回归分析，得出粮食总产量受诸多因素的影响，并且种粮成本逐年上升，必须加大对产粮大县的补偿力度，加大农业基础设施和科技投入力度，增强粮食生产能力，保障粮食安全。费佐兰等（2016）以黑龙江省 60 个产粮大县为研究对象，采用因子分析法分析了黑龙江省自 2005年以来实施粮食大县奖励政策的效果，结果显示产粮大县奖励政策对地方经济和粮食生产、农民生活具有显著影响，但存在政策的目标实现程度较低、政策完善程度不足和政策效果弱化三大亟待解决的问题，提出应加强政策落实力度、完善政策奖励体系。张海莹（2016）对我国现行粮食生产财政支持政策的构成及政策实施效果进行了分析，结果显示粮食生产主体功能区粮食生产的机会成本远未得到充分补偿，产粮大县的资金支持与政策力度仍然不大，认为应该提高补贴政策的精准性与时效性，加强对粮食生产大县的转移支付力度，平衡粮食生产主体功能区与粮食主销区的利益，扩大产粮大县的奖励资金规模。

2.4　研究评述

　　从国内外对于主体功能区、粮食利益补偿、农业生态补偿及粮食生产发展保护的研究综述可以看出，研究成果较为丰富，分析的角度也较为广泛。国外学者通过划分标准区域进行国土空间规划，为实施区域管理和制定区域政策提供了依据，并制定了相应的法律法规保证国土空间规划的有序发展。在对粮食补偿的过程中，大多数发达国家主要采取的是粮食补贴、休耕补贴、粮食收储政策、粮食价格支持政策及金融政策支持粮食生产发展。国内学者在充分借鉴国外国土空间规划经验的基础上，提出了主体功能区的理念，并从主体功能区的内涵、划分、作用及支持政策四方面对主体功能区进行了细致的研究，并从粮食利益补偿、农业生态补偿及粮食生产发展保护补偿出发对粮食补偿进行了探讨。

但是，为了实现农民增收、粮食增产、粮食生产主体功能区的可持续发展及保障国家粮食安全仍需要深入分析。①在对主体功能区的研究过程中，现有的研究对粮食生产主体功能区的研究较少，缺少明确对粮食生产主体功能区概念、划分依据、作用及相关政策方面的研究，如何实现粮食生产主体功能区的可持续发展需要进一步的探讨。②在对粮食补偿的研究方面，现有的研究均从单一的政策出发，探讨如粮食直接补贴、粮食最低收购价政策等单一的粮食补偿政策的内涵、影响因素及在实施过程中对粮食产量及农民行为的影响，没有形成较为完整的粮食补偿机制。同时，对于粮食补偿机制方面的研究大多集中在粮食利益补偿机制方面，较少地涉及农业生态补偿机制及粮食生产发展保护机制方面，将粮食补偿的重点过多侧重于粮食产量的刚性增加，忽略了农民增收、区域经济增长及粮食生产主体功能区的可持续发展。③对粮食生产主体功能区与国家、地区粮食安全，粮食补偿相结合的研究较少，且从保证粮食增产，促进农民增收，实现区域经济发展，保障粮食安全角度研究国内产粮大省的粮食生产主体功能区补偿机制的则更少。④虽然对补偿有所提及，但是对于补偿机制的研究，特别是对粮食生产主体功能区补偿机制的研究仍处于起步阶段。

在此背景下，将粮食生产主体功能区建设与粮食补偿机制联系起来，根据粮食生产主体功能区发展的实际情况，构建以粮食利益补偿机制、农业生态补偿机制及粮食生产发展保护补偿机制为核心的"三位一体"的，能强调动态化的补偿机制对黑龙江省粮食生产主体功能区的发展将具有较高的理论运用价值和实际指导意义。

2.5 本章小结

本章对粮食生产主体功能区及补偿机制的内涵进行了阐述，总结了粮食生产主体功能区发展及对粮食生产主体功能区补偿的基础理论，包括农业圈带理论、农业区域专业化理论、空间规划理论、公共物品理论、外部性理论、可持续发展理论、政府干预粮食产业理论及利益补偿博弈理论。同时，从粮食生产主体功能区、粮食利益补偿、农业生态补偿及粮食生产发展保护补偿四方面对现有的国内外研究成果进行了综述及评价。相关概念的界定、基础理论的阐述及研究成果的综述为后文的研究奠定了坚实的基础。

3 现实参照系：国内外主要粮食生产主体功能区补偿经验借鉴

3.1 国内主要粮食生产主体功能区补偿现状

粮食补偿问题是国家解决"三农"问题的重要组成部分，也是维护国家粮食安全工作的关键内容。在国家粮食补偿政策的总体规划下，国内主要粮食生产主体功能区在粮食补偿工作的开展过程中具有明显的地区差异性。因此，对国内主要粮食生产主体功能区补偿情况进行比较分析将对黑龙江省粮食生产主体功能区补偿机制的构建具有较好的借鉴意义。

3.1.1 国内主要粮食生产主体功能区分布情况

国内主要粮食生产主体功能区分布情况。根据《全国农业可持续发展规划（2015~2030年）》，目前我国的粮食生产主体功能区主要分布在东北地区的辽宁省、吉林省、黑龙江省及内蒙古东部，长江中下游地区的江苏省、山东省、江西省及安徽省中南部，黄淮海区的河北省中南部、河南省、山东省、安徽省及江苏省北部，西北及长城沿线区的内蒙古中西部、河北省北部，西南区的四川省东部、湖北省、湖南省西部及青藏地区的四川省西部，共为13个粮食生产主体功能区。

东北地区是玉米和大豆的主产区，长江中下游地区和黄淮海地区是小麦的主产区，东北地区、长江中下游地区、黄淮海地区和西南区是稻谷的主产区。同时，东北地区作为国内的主要粮食调出产区，其粮食生产的稳定发展对国家粮食安全的影响非常大，其中，黑龙江省作为国内产粮第一大省、粮食净调出的首要省份，在东北"三省一区"中的粮食生产中具有较高的战略地位。

3.1.2 国内主要粮食生产主体功能区投入及产出情况

由表 3 – 1 可知，2013 年 13 个粮食生产主体功能区的粮食产量均超过 2000 万吨，其中，黑龙江省在粮食产量、粮食播种面积、商品粮数量方面均位居全国第一，为全国的粮食安全做出了重要的贡献。而在财政收入方面，黑龙江省仅略高于吉林省排在第 12 位；在农林水事务支出方面，黑龙江省仅排在第 10 位；在农民人均纯收入方面，黑龙江省在粮食生产主体功能区中仅位列第四，落后于江苏、辽宁和山东，并且上海、北京、浙江农民人均纯收入分别是黑龙江省的 2.03 倍、1.9 倍、1.67 倍。由此可以看出，黑龙江省内财政的支持能力明显落后于粮食生产的发展水平，国家给予黑龙江省的财政支持明显不足。

表 3 – 1　国内主要粮食生产主体功能区投入及产出情况

粮食生产主体功能区	粮食产量（万吨）	粮食播种面积（万公顷）	商品粮数量（万吨）	财政收入（亿元）	农林水事务支出（亿元）	农民人均纯收入（元）
河北	3365.0	631.6	1187	2295.62	511.11	9101.9
内蒙古	2773.0	561.7	1625	1720.98	466.58	8595.7
辽宁	2195.6	312.7	2860	3343.81	466.52	10522.7
吉林	3551.0	461	2576.5	1156.96	318.26	9621.2
黑龙江	6004.1	1156.4	4896	1277.40	461.70	9634.1
江苏	3423.0	536.1	2709	6568.46	868.34	13597.8
安徽	3279.6	662.53	700.6	2075.08	478.17	8097.9
江西	2116.1	338.7	500	1621.24	438.54	8781.5
山东	4528.2	729.5	4378.8	4559.95	748.14	10619.9
河南	5713.7	1008.2	1400	2415.45	629.85	8475.3
湖北	2501.3	425.84	1892.9	2191.22	465.34	8867.0
湖南	2925.7	493.7	1280	2030.88	516.55	9372.1
四川	3387.1	475.5	1194	2784.10	741.78	7895.3

资料来源：根据《中国粮食统计年鉴》《中国农村统计年鉴》《中国统计年鉴》相关数据整理得出。

3.1.3 国内主要粮食生产主体功能区补偿实施情况

国内主要粮食生产主体功能区补偿的实施主要体现在粮食利益补偿、农业生态补偿及粮食生产发展保护补偿三方面。

（1）粮食利益补偿方面。自 2004 年以来，国家不断深化粮食补偿方式改革，在全面推行粮食购销市场化运作的前提下，对粮食生产者进行直接补贴，逐步实施并完善了粮食直接补贴、良种补贴、农机具购置补贴及农资综合补贴。国内主要粮食生产主体功能区实施粮食利益补偿政策的补偿依据及补偿方式如表 3 - 2 所示。

从表 3 - 2 可以看出，主要粮食生产主体功能区在粮食利益补偿政策实施过程中均采用了相同的补偿方式，但是补偿依据略有不同，黑龙江省采用了大多数省份采用的以实际种粮面积为标准的补偿依据。

粮食直接补贴和农资综合补贴政策的实施情况具有明显差异，在补偿资金总额方面，粮食产量较高的河南、吉林、辽宁和黑龙江的补偿资金规模相对较大，均在 10 亿元以上，2012 年黑龙江省粮食直接补贴资金达到 24.83 亿元，在 13 个粮食生产主体功能区中最高。农资综合补贴方面呈现同样的情形，产粮大省的补贴资金规模相对较高，黑龙江省同样排在前列。但从粮食直补标准角度来看，2013 年黑龙江省为 81.72 元/亩，与最高的湖北省相差 56.38 元/亩，由此可见，黑龙江省两种补贴的资金总规模虽然较大，但在补偿标准方面却不能很好地与粮食播种面积和粮食产量的实际水平相匹配，补偿标准相对偏低。

表 3 - 2　国内主要粮食生产主体功能区粮食利益补偿政策

补偿政策	补偿依据	补偿方式	覆盖地区
粮食直接补贴	农业计税或计税常产面积 实际种粮面积 生产者售粮数量	直接发放给粮农	四川、安徽、吉林、河南、江苏、湖南、内蒙古、河北、辽宁、黑龙江、湖北、山东、江西
农资综合补贴	根据一年的种植成本价格浮动情况	直接发放给粮农	面向所有粮食生产主体功能区
农机具购置补贴	国家下发的补贴目录	定额补贴	面向所有粮食生产主体功能区
良种补贴	种植作物种类	现金直接补贴	面向种植水稻、玉米、小麦、大豆、棉花良种作物的所有粮食生产主体功能区
		差价购种补贴	面向种植小麦、大豆、棉花良种作物的所有粮食生产主体功能区

良种补贴和农机具购置补贴的补贴对象和补贴范围具有明确的针对性，因此，各粮食生产主体功能区通常均执行国家标准。根据国家 2014 年强农惠农政

策中关于良种补贴及农机具购置补贴政策的规定，针对水稻、小麦、玉米和东北大豆的补贴标准为：小麦、玉米、大豆每亩补贴 10 元（新疆地区的小麦良种补贴 15 元）；水稻每亩补贴 15 元。农机具购置补贴范围继续覆盖全国所有农牧业县（场），面向纳入实施范围并符合补贴条件的农牧渔民、农场（林场）职工、农民合作社和从事农机作业的农业生产经营组织，补贴机具种类涵盖 12 大类、48 个小类、175 个品目，在此基础上各省（区、市）可在 12 大类内自行增加不超过 30 个其他品目的机具列入中央资金补贴范围，按照种类的不同，一般机具单机补贴限额不超过 5 万元，大型设备单机补贴限额可提高到 15 万元，200 马力以上拖拉机单机补贴限额可提高到 25 万元。黑龙江省在这两种补贴的资金规模方面相较其他粮食生产主体功能区同样处于较高水平。

（2）农业生态补偿方面。目前国内主要粮食生产主体功能区在农业生态补偿方面的投入较少，大多处于探索阶段，并集中于农田水利设施建设投入。在农业生态补偿的执行过程中，国内主要粮食生产主体功能区的补偿主体、补偿内容及补偿方式基本一致。农业生态补偿作为农业补贴"绿箱"政策的组成部分，补偿主体为在保护和改善农业生态环境过程中的受益者，补偿内容主要围绕农业生态环境污染治理、农业资源保护与开发利用及用于农业生态环境保护的基础设施建设，补偿方式主要体现在资金、实物、技术、政策等方面。

（3）粮食生产发展保护补偿方面。目前国内主要粮食生产主体功能区在农业生产发展保护补偿方面采用两个支持（粮食最低收购价、粮食临时收储）、一项奖励（产粮大县财政奖励）等一系列补偿政策，由此促进粮食生产发展。同时，国家在对各项政策实施效果进行评价的基础上，增加了超级产粮大省奖励政策和农业保险补贴政策，如表 3 - 3 所示。

表 3 - 3　国内主要粮食生产主体功能区粮食生产发展保护补偿政策

补偿政策	补偿依据	补偿方式	覆盖地区
产粮（油）大县奖励	依据全国各县级行政单位粮食生产情况，测算奖励到县，按照国家制定的标准执行	中央财政测算分配到县，作为一般性转移支付	5 年平均粮食产量大于 4 亿斤且商品量大于 1000 万斤，粮食生产主体功能区粮食产量或商品量位列前 15 位，非粮食生产主体功能区位列前 5 位的县市
超级产粮大县奖励	依据全国各县级行政单位粮食生产情况，测算奖励到县，按照国家制定的标准执行	中央财政测算分配到省，作为一般性转移支付	粮食产量排名前 5 位的粮食生产主体功能区，2013 年为黑龙江省、河南省、山东省、吉林省、江苏省

续表

补偿政策	补偿依据	补偿方式	覆盖地区
农业保险补贴	按照种植的粮食品种	以奖代补等方式，中西部地区补贴40%，东部地区补贴35%，中央单位补贴65%，省级财政至少补贴25%	种植玉米、水稻、小麦、棉花等的粮食生产主体功能区

粮食最低收购价政策自2004年起开始执行，国内主要粮食生产主体功能区的粮食最低收购价格如表3-4所示。从表3-4可以看出，自2010年以来，国家出台的最低粮食收购价格执行预案均未启动，可见粮食最低收购价格设定的实际作用明显降低，特别是对于粮食产量较高的黑龙江省、河南省、山东省等超级产粮大省的实际促进作用几乎可以忽略不计，仅能作为突发情况的一个政策支持预案。此外，为保证玉米、大豆购销市场的稳定，解决农民"卖粮难"的问题，国家针对东北三省和内蒙古自治区的玉米和大豆实施了临时收储政策。

表3-4 国内主要粮食生产主体功能区粮食最低收购价格

单位：元/公斤

地区	粮食作物种类	年份										
		2004	2005	2006	2007	2008	2009	2010	2011	2012	2013	2014
河北、山东、湖北、江苏、河南、安徽、黑龙江	白小麦	—	—	1.44	1.44	1.54	1.74	1.8	1.9	2.04	2.24	2.36
	红小麦	—	—	1.38	1.38	1.44	1.66	1.72	1.86	2.04	2.24	2.36
	混合麦	—	—	1.38	1.38	1.44	1.66	1.72	1.86	2.04	2.24	2.36
安徽、江西、湖南、湖北	早籼稻	1.4	1.4	1.4	1.4	1.54	1.6	1.8	2.04	2.4	2.64	2.7
江苏、河南、安徽、江西、湖南、湖北、四川、黑龙江	中晚籼稻	1.44	1.44	1.44	1.44	1.58	1.84	1.84	2.14	2.5	2.7	2.86
辽宁、吉林、黑龙江	粳稻	1.5	1.5	1.5	1.5	1.64	1.9	1.9	2.56	2.8	3.0	3.1

注：收购的稻谷、小麦应不低于国标三等质量标准，相邻等级之间的等级差价为0.04元/公斤。表中背景为灰色的价格表示当年国家出台的相应品种的粮食最低收购价格执行预案启动执行。

资料来源：根据国家粮食局、中国农业信息网及国家统计局等官方网站数据整理得出。

3.2　国外主要粮食生产主体功能区补偿经验借鉴

3.2.1　粮食利益补偿方面

（1）美国采取的粮食利益补偿政策。首先，1996 年美国政府制定了《美国联邦农业改进和改革法案》，规定粮食补贴采用直接定额补贴方式，即根据支付面积和支付单产确定粮食补贴的标准，粮食补贴的标准确定后将不会随每年的产量发生变化；为了补偿世界农产品价格大幅度下降给美国农民带来的损失，并确保粮食产量保持在一定的水平上，2002 年美国政府出台了《农业法案》，2004 年又出台了《农业援助法案》，使粮食补贴能够补偿自然灾害等不利因素对粮食生产者造成的损失，并增加了直接补贴的额度，扩大了产品补贴范围，确保美国农民能够得到最大限度的补贴。

其次，积极推进适度的农产品价格补贴。实施农产品价格补贴的主体是隶属于政府的农产品信贷公司，信贷公司的负责人及职员均由政府人员担任，其实质是发挥市场宏观调控的政府机构，实行农产品价格补贴和农民收入支持。在农产品价格补贴上来说，主要是差价补贴，基于大量的当期及往期历史数据总结出合理的目标价格，同时在农产品市场稳定且充分竞争的条件下，保证农产品价格完全由供求机制决定，并选择其平均价格，以目标价格减去这一平均价格形成的差价补贴构成价格补贴的直接依据，其支付者为农产品信贷公司，形成政府补贴的主要部分。这一补贴具有差别性，有针对性地对农产品进行适度价格补贴，在实际农产品价格补贴过程中，农产品价格补贴分为普通补贴和个别补贴，其中，目标价格和差额补贴包含于普通补贴中。同时，实行名为"销售协议和规程"的个别补贴价格支持政策，针对不同农产品质量分等定级、按照等级确定不同的目标价格，通过生产者、加工商、处理商之间的协议，控制农产品上市的时间、数量，起到规范农产品市场销售秩序、降低农产品市场农产品供应量和价格的季节性波动。

最后，收入支持也是重要的补贴方式。《美国联邦农业改进和改革法案》把政府对农民、农产品的补贴同农产品价格脱钩，用直接支付取代目标价格补贴和贷款差价支付，加大了收入支持作为政策工具的使用力度。基于"农民收入平价"的原则，为了保证农民和城市居民收入保持同一水平，该法案废除了直接支付、反周期支付等支持政策，建立了农业收入风险保障计划（ARC）和生物能源发展支持计划，弱化了价格支持力度，收入支持在美国农产品政策中的核心地位逐渐凸显。

（2）欧盟采取的粮食利益补偿政策。欧盟现行的粮食补贴政策是于2003年在《农业政策改革方案》中提出的，主要立足点是大幅度削减农产品的支持价格，并将农产品的价格支持全部转变为粮食直接补贴，同时逐步废除了与产量直接挂钩的粮食补贴政策，采取单一式的农场支付粮食补贴，是与农产品生产及农产品价格不挂钩的直接补贴。欧盟采取的是以收入补贴为核心的利益补偿方式，在农产品价格方面，弱化了行政价格，强调完全以市场标准衡量农产品实际价格，并在此基础上，由欧盟共同体理事会制定统一的目标价格、门槛价格和干预价格。目标价格是市场价格波动的上限，是决策者认为的农产品消费的理想价格水平，是计算门槛价格的基础，是欧盟成员国之间利益平衡的结果，也是农产品由生产领域转向流通领域的最高价格。当市场价格高于目标价格时，欧盟各成员国政府就会按照目标价格在市场上出售粮食、压低粮价。而门槛价格是用于调节进出口的政策价格，进而计算农产品国际贸易的"差价关税"，差价关税率为门槛价格与世界市场平均价格之差，用来稳定农产品出口利润。干预价格是市场价格波动的最低下限，按照欧盟成员国粮食生产的平均成本加上合理利润来确定，干预价格是欧盟市场价格的下限，是农民确定能够获得的收入。如果市场价格持续下跌到支持价格以下，各欧盟成员国政府就要按照干预价格出资收购粮食。

同时，为了缓解财政负担，保证农业稳定发展，欧盟实行了一系列粮食利益补偿的改革政策，增加了直接补贴的份额，2000年，实行了粮食种植面积补贴、休耕补贴、生态农业补贴和粮转牧补贴等，对生产者进行直接的价格补贴，加大了价格支持的力度。2005年"欧洲农业农村发展基金"的建立为价格补贴增加了资金来源，缓解了完全由政府出资收购粮食、支持农业发展的财政资金压力。总的来说，欧盟的共同农业政策既涉及欧盟农产品市场的供求平衡，又关系到农户收入的稳定，始终注重平衡各方面的利益关系。

（3）日本采取的粮食利益补偿政策。为了确保日本的粮食质量和粮食产量，日本长期采用的粮食经济政策是使日本国内的粮食收购价格远高于粮食的销售价格，并对农民发放数量较大的粮食补贴，使得日本政府用于农业的粮食直接补贴超过了农业产值。这种补贴方式维护了农民的利益，但是过强的政府干预妨碍了市场信息的有效传达，对农民的高价补贴使得农产品价格过高，消费者的利益受到影响。同时，需要的农产品生产不足，而高价的农产品过度饱和，市场存在失灵的现象，供求失衡又进一步对农产品产生反作用，使农业生产结构扭曲，农产品的自给率再次下降，其全部由市场负担的高价补贴也造成了政府的财政负担。受多种因素的推动，日本政府对粮食利益补偿政策进行了改革，逐渐恢复了市场机制的主导作用，由政府直接对农产品和农民直接补贴转向收购过剩的粮食，既保证了农产品市场的正常生产和流通，又保障了生产者和消费者的利益。2000年以后，日本政府对粮食补贴做法进行了全面的调整，如减少了对粮食价格的直接补贴，增加了支持农业发展的农业资金的投入，强调对农业资源的有效利用和保护，仅在主要粮食生产区采用粮食直接补贴政策。同时，实行了一系列的激励计划将贷款条件与农业生产绩效挂钩，不仅调动了不同产区农民生产的积极性，还使农产品自给率提高。

3.2.2 农业生态补偿方面

（1）美国制定了土地休耕保护计划补贴，"计划"的主要目标是针对那些土壤极易侵蚀的和其他环境敏感的作物用地进行补贴，扶持农作物生产者实施退耕还林、还草等长期性植被保护措施，最终达到改善水质、控制土壤侵蚀、改善野生动植物栖息地环境的目的。美国农业生态补偿是由农业部农场服务局负责实施，全国范围的农民自愿参与。根据这项计划，农民可以自愿提出申请与政府签订长期合同，将那些易发生水土流失或者具有其他生态敏感性的耕地转为草地或者林地。申请批准程序是：根据有关地区的农场服务局的通告，农民提出申请，申请书中农民根据自己的接受意愿提出对休耕保护土地的要价，当地农场服务局在收到申请的 7~90 天内给予答复。各地农场局要告知农民当地每单位土地实行休耕保护计划所能够获得的补贴额。当地农场局和国家农场局对所有投标申请进行研究，借助环境效益指数和其他规定综合分析，研究其可行性和租金要价，对农民的退耕申请进行分析和筛选。农业生态补贴主要由土地租金补贴和分担植被保护措施的实施成本两部分组成。

（2）日本制定了农业环保计划，以实现将农业生产、农民增收及环境保护紧密结合。日本在不同时期根据农业经济发展的需要，相继出台了相关的环境保护政策和措施，大力推动了农业和农村环境保护，使农业经济步入了可持续发展的轨道。农业生态环境保护主要依赖国家政策的支撑。农业作为弱势产业在市场竞争中处于不利地位，对于工业高度发达的日本来说，农业的弱势性尤为明显，因此，农业的发展必须得到政府的宏观调控和支持，农业环境保护也离不开政府的政策支持。日本开展农业环境保护主要是依靠政府在不同时期制定和实施各种政策和措施，为日本进入农业可持续发展发挥了巨大的引导和促进作用。同时，以立法形式确保农业环保政策的推进，立法是确保农业环境保护政策得以有效实施的基础。通过立法把各种政策、目标和措施法律化，以农业基本法为核心制定了一系列的农业环境保护法律，这些法律具有延续性和关联性，并在必要时进行修改和补充。

（3）欧盟制定了综合性补贴，支持可持续农业发展，对保护农业环境的举措进行补贴，欧盟原有的农业补贴政策不包含生态补贴内容，其核心是农产品价格支持补贴。在20世纪90年代，为了解决日益严重的生态环境、农业生产剩余过多、农村贫困化和低就业率等问题，欧盟对农业补贴政策进行了重大调整，重点把生态补贴纳入了政策范围，作为农业补贴政策的核心，而不再实施价格补贴，实现由价格支持补贴到生态支持补贴的转型。到2003年，欧盟的农业生态补贴政策体系基本形成。通过政策机制，鼓励和引导农户从事有利于生态环境保护的农业生产活动，以保护农业生态环境，促进农业与生态环境的协调发展，与环境保护措施挂钩的价格补贴是欧盟农业生态补贴政策的一项重要内容。为了引导和鼓励农户保护生态环境，欧盟对农业生产过程中采取环境保护措施的农户在价格方面给予一定的补贴。欧盟与环境保护措施挂钩的价格补贴包括：第一，休耕补贴。欧盟对休耕农户补贴其因休耕减少的收入。如果农户在休耕土地上种植再生原料，仍然可以得到上述补贴。第二，环境受限制地区补贴。欧盟对自然条件不利地区减少农业生产活动的农户给予补贴。补贴标准为：根据某地区的具体情况，每公顷补贴25～200欧元。第三，农业环境保护补贴。欧盟对在农业生产活动中，努力保护和改善生态环境、保持生物多样性和自然资源的农户给予补贴。补贴范围包括因参加环境保护计划而支出的费用和减少的收入。其中，一年生作物每公顷最高补贴600欧元，多年生作物每公顷最高补贴900欧元，其他土地使用每公顷最高补贴450欧元。

3.2.3 粮食生产发展保护补偿方面

（1）粮食价格支持政策方面。大多数发达国家所采用的粮食价格支持政策均以产品价格支持为主要手段，如粮食收购、收入补贴、制定阶梯价格等方式，从补贴的资金来源看，有政府直接出资、建立国有信贷公司、与信贷银行机构合作等多种方式。①美国将信贷支持融入粮食价格支持政策体系，以直接补贴替代生产灵活性合同补贴，实行了无追索贷款援助计划，改进了补贴和信贷方式，减少了补贴贷款及财政支付周期性的限制。同时，实施了"农业收入保障计划"，增强了农业对灾害风险的防御能力，以收入支持为主要内容对农业进行补贴。②欧盟通过一系列的改革措施将以价格支持为基础的机制调整为以价格和直接补贴为主的机制，降低粮食的支持价格、计划和控制农产品生产，克服作为经济共同体的不同国家和地区生产自然条件的限制，通过提高生产技术和效率保证农产品供给的充足，扩大粮食的出口，保证欧洲农业在世界上的竞争力。欧盟的粮食价格支持政策包括粮食目标价格、粮食门槛价格、粮食干预价格及对剩余农产品发放临时存储补贴。③日本政府经过农业政策改革之后，实行直接支付的收入补贴政策，补贴的对象是按政府要求调整生产任务的农民，资金来源是由农户和政府共同提供。在耕地方面，按照标准平整土地、合理布局的生产者，在购置机械、建造农业设施方面的费用，都可以从中央财政、都府县得到补贴，并可以从接受国家补贴的金融机构得到贷款。

（2）金融政策支持粮食生产发展方面。国外发达国家在粮食生产上注重以金融政策保证生产，通过金融机构发挥财政政策最大的效应。美国的农产品信贷公司直接投入资金对粮食产业发展进行支持，农业政策性金融体系通过提供农业贷款的方式对农业机械设备、水利等方面进行投资。同时将期货市场引入农产品的生产和销售，期货市场的价格指导着农业生产的导向，提供了订单的保证，规避了生产流通的风险。在机构设置方面，美国依法逐步组建了农村合作金融体系、政策性金融机构以及完善的保险制度，为农业生产者构建了完整且安全的融资渠道。欧盟在金融政策上因成员国的不同特点而呈现出多样性，以法国金融政策为例，政府主导和支持农村农业信贷体系、建立财政贴息贷款制度（政府鼓励金融机构提供优惠贷款给农民并补偿利息差）、设立农业保险制度。日本为了提高其农业生产能力，成立了农林渔业金融公库，通过提供资金贷款支持农业机械发展及农业相关设施的建设。

3.3　本章小结

本章从粮食利益补偿、农业生态补偿、粮食生产发展保护补偿三方面出发，阐述并分析了国内外粮食生产主体功能区的发展现状，为研究提供了现实参照系。

4 黑龙江省粮食生产主体功能区
补偿现状及存在的问题

4.1 黑龙江省粮食生产主体功能区现状

按照黑龙江省政府制定的《黑龙江省主体功能区规划》中的划定，黑龙江省粮食生产主体功能区可以概括为"三区五带"，"三区"即以松嫩平原、三江平原和中部山区为主体，主要包括哈尔滨市、大庆市、齐齐哈尔市、绥化市、伊春市、牡丹江市、佳木斯市、双鸭山市等辖区内的 33 个县（区）以及地区内农垦、森工系统所属的农场，该区域总面积 10.3 万平方公里，占全省总面积的 21.8%，其中耕地面积 5.4 万平方公里。"五带"是指以优质粳稻为主的水稻产业带，以籽粒、青贮兼玉米为主的玉米产业带，以高油、高蛋白大豆为主的大豆产业带，以肉牛、奶牛、生猪为主的畜牧产品产业带，以及以马铃薯为主的马铃薯产业带。

其中，松嫩平原粮食生产主体功能区以哈尔滨市、大庆市、齐齐哈尔市和绥化市 4 个产粮市为依托；三江平原粮食生产主体功能区主要包括佳木斯市、双鸭山市、七台河市、鹤岗市；中部山区粮食生产主体功能区纵贯黑龙江省整个省区的中部狭长地带，牡丹江市、鸡西市、伊春市、黑河市和大兴安岭地区位于该区域内。

另外，松嫩平原粮食生产主体功能区主要种植玉米、大豆以及马铃薯三种粮食作物，三江平原粮食生产主体功能区主要种植水稻、玉米和大豆，中部山区粮食生产主体功能区主要种植玉米和水稻，四种主要粮食作物的产业带交叉分布在这三大地区，并形成了覆盖全省的粮食生产主体功能区网络。

4.2 黑龙江省粮食生产主体功能区补偿现状

4.2.1 粮食利益补偿现状

目前，黑龙江省粮食生产主体功能区实施的粮食利益补偿主要表现为粮食补贴政策，并明确规定了粮食补贴的补偿类型、补偿对象、补偿范围、补偿标准及补偿政策。

（1）补偿类型。目前，黑龙江省粮食生产主体功能区采取的粮食补贴分为两大类，即数量型补贴、技术进步型补贴。①数量型补贴，该类型的补贴包括粮食直接补贴和农资综合补贴两种形式，面向所有种粮农户进行发放，以统计种粮农户粮食播种计税面积为基数，依据各年补偿标准计算得出，通过直接增加种粮农户收益的方式，使种粮农户的积极性得到大幅度提高，进而促使农户增加种粮要素的投入，实现粮食产量的增长。其中，粮食直接补贴是通过将原有对购销环节的间接补贴转变为对农民的直接补贴，从而减轻农产品价格波动对种粮农民收入的影响；农资综合补贴是通过弥补种粮农民因柴油、化肥、农药等农业生产资料价格上涨而增加的支出，从而稳定种粮成本，保证农民的种粮收益。归属于数量型补贴下的粮食直接补贴和农资综合补贴均属于综合性收入补贴，分别从产出产品价格及粮食生产资料投入价格角度对农民进行了保障性的补偿。②技术进步型补贴，该类型的补贴包括良种补贴和农机具购置补贴，通过种粮新技术的推广及提升种粮农户的耕种机械化水平，增加种粮农户的收益，提升粮食生产效率，提高粮食产量。其中，良种补贴是对推广使用育种新成果进行补贴，实现对农作物品种的全面引导，以种植良种的方式实现粮食产量的提高；农机具购置补贴能够提高种粮农户的耕种机械化水平，改善耕地墒情和种收效率，进而影响粮食产量。

（2）补偿对象。根据《黑龙江省粮食补贴方式改革实施方案》中的相关规定，黑龙江省粮食补偿的对象为原农业税实际纳税人，包括原按规定享受农业政策性减免的应纳税人，即黑龙江省内各粮食生产主体功能区种植大豆、小麦、玉米和水稻等粮食作物的农户。其中，粮食直接补贴和农资综合补贴面向符合条件的所有农户，良种补贴针对使用优良品种的种粮农户，农机具购置补贴针对符合补贴条件的农民和直接从事农业生产的农机服务组织。

（3）补偿范围。2004年，黑龙江省实施粮食补贴方式改革试行方案时规定的补偿范围包括：2003 年农业税计税土地；国家计划内退耕还林的原农业税计税土地。此后，根据补贴工作开展的效果，黑龙江省财政厅、粮食局、统计局等部门相继对粮食补贴的发放范围进行了核查，例如 2006 年黑龙江省粮食局开展了 2005 年应报未报耕地情况调查；2007 年黑龙江省财政厅对 2004～2006 年所有农户的补贴相关信息进行了核实；2009 年黑龙江省财政厅开展了全省耕地及粮食补贴政策落实情况调查；2017 年黑龙江省财政厅联合黑龙江省农委再次对全省耕地性质及享受补贴的面积进行了调查。

（4）补偿标准。补偿标准是影响种粮农户获取补贴收入高低的直接因素，也是粮食利益补偿中最容易偏离实际需求的指标。在经济增长、地区发展、物价水平上涨等诸多因素的影响下，黑龙江省粮食补贴的标准逐年提高。2004年，粮食直接补贴按照计税面积的 50% 计算，黑龙江省粮食直接补贴的标准为 6.36 元/亩。2006 年，黑龙江按照国家相关政策的要求，在原有粮食直接补贴的基础上，增加了农资综合补贴、良种补贴和农机具购置补贴三种形式，其中农机具购置补贴按照中央财政的规定，对同一种类、同一档次的农业机械在省域内实行统一的补贴标准，定额补贴按不超过本省市场平均价格的 30% 测算。2012 年，黑龙江省粮食直接补贴标准为 14.04 元/亩，农资综合补贴标准为 65.97 元/亩，每亩地合计补贴标准为 70.01 元。2013 年，黑龙江省继续对水稻、玉米、大豆、小麦等粮食作物进行全面积补贴，其中粮食直接补贴标准为 15 元/亩，农资综合补贴标准为 66.72 元/亩，每亩地合计补贴 81.72 元；良种补贴的标准为水稻 15 元/亩，玉米、大豆、小麦皆为 10 元/亩。2014 年，在此基础上，根据黑龙江省财政厅发布的农机具购置补贴标准，省财政将对 307 种类别的农机具（其中部通用类 121 种、部非通用类 138 种、省非通用类 47 种、省自选类 1 种）进行分级补贴，其中一般机具单机补贴限额不超过 5 万元；挤奶机械、烘干机单机补贴最高限额为 12 万元；100 马力以上大型拖拉机、高性能青饲料收获机、大型免耕播种机、大型联合收割机单机补贴最高限额为 15 万元；210 马力及以上四轮驱动拖拉机补贴额度最高，标准为 18 万元/台。

（5）补偿政策。粮食补贴的发放、过程监督及效果评价均需要明确的政策给予保障，2004 年以来，黑龙江省为推进粮食补贴工作的有效落实，在贯彻执行国家有关政策的同时，配套出台了省级政策，促进了粮食补贴工作的有效开展。国家部委出台的粮食补贴政策文件汇总如表 4-1 所示，黑龙江省结合自身粮食生产主体功能区的发展情况及国家部委关于粮食补贴的相关规定，出台的粮食补贴政策文件汇总如表 4-2 所示。

表 4 - 1　国家部委出台的粮食补贴政策文件汇总

序号	政策名称	内容要点
1	国务院关于进一步深化粮食流通体系改革的意见	①放开粮食收购和价格，健全粮食市场体系，适时在粮食生产主体功能区对重点粮食品种实行最低收购价格政策；②建立直接补贴机制，保护种粮农民利益；③转换企业经营机制；④改革粮食收购资金供应办法，完善信贷资金管理措施；⑤加强和改善粮食宏观调控
2	农作物良种推广项目资金管理暂行办法	提出了农作物良种补贴的实施方案，明确了资金的使用方式和资金使用监管方法
3	农业机械购置补贴专项资金使用管理暂行办法	提出了农业机械购置补贴的实施方案，明确了资金的使用方式和资金使用监管方法
4	关于进一步完善对种粮农民直接补贴政策的意见	①坚持向产粮大县和产粮大户倾斜；②按照种粮农户实际种植面积补贴；③粮食直补资金的兑付可采用现金发放和储蓄卡（折）发放；④13 个粮食生产主体功能区在直补资金不足的情况下可向中央财政借款；⑤粮食直补资金实行专户管理，严格监督；⑥推行粮食省长负责制，采取有效措施落实工作
5	财政部关于推进中国农民补贴网建设　进一步加强种粮农民补贴管理的通知	①建立农户种粮补贴及相关信息统计制度；②积极推进农民补贴网信息系统建设；③通过网络系统完善农民种粮补贴相关信息的统计，加强对农民种粮补贴的管理，健全粮食收购市场准入制度
6	国务院关于完善粮食流通体制改革政策措施的意见	①加快推进国有粮食购销企业改革，切实转换企业经营机制；②积极培育和规范粮食市场；③加强粮食产销衔接，逐步建立产销区之间的利益协调机制
7	财政部关于印发《对种粮农民直接补贴工作经费管理办法》的通知	①对种粮农户直接补贴工作经费由地方财政预算安排，中央财政适当补助；②对种粮农民直接补贴工作经费的开支需要省级财政核准种粮农户信息后发放；③经费拨付需经过粮食风险基金
8	关于依托农村金融机构进一步做好对种粮农民补贴实行一卡通工作的通知	①全面推广"一卡通"，为种粮农户提供快捷的服务；②农村信用社网点少的地区，可根据实际情况开辟渠道，采取多种渠道和形式实施"一卡通"；③各级财政部门在保证资金安全、发放准确的前提下，尽可能减少环节，方便农民领取补偿
9	财政部、发展改革委、农业部印发《关于进一步完善农资综合补贴动态调整机制的实施意见》的通知	①农资综合补贴动态调整机制坚持"价补统筹、动态调整、只增不减"的基本原则；②初始基期参考 2008 年农资价格水平，确定农资综合补贴的规模；③农资综合补贴由中央财政预算安排，各地区可在此基础上适当增加；④补偿资金的管理采用省长负责制；⑤通过明确职责分工，完善监管机制和市场调控机制保障其实施

续表

序号	政策名称	内容要点
10	财政部、水利部、农业部关于支持黑龙江省、吉林省、内蒙古自治区、辽宁省实施"节水增粮行动"的意见	针对东北三省一区的"节水增粮行动"的组织落实提出具体的工作意见，明确了该行动开展要求和监管方式

资料来源：根据国家各部委网站出台的相关政策文件整理所得。

表4-2 黑龙江省出台的粮食补贴政策文件汇总

序号	政策名称	内容要点
1	黑龙江省人民政府关于印发《黑龙江省粮食补贴方式改革实施方案（试行）》的通知	制定了《黑龙江省粮食补贴方式改革实施方案（试行）》，明确了改革后粮食补贴的指导思想、原则、实施方法、配套措施及推行方式
2	关于做好水稻良种推广补贴资金发放工作的通知	明确了水稻良种补贴的原则、方法，确定了补贴的标准和发放方式，并提出监管的具体办法（国家标准15元/亩）
3	关于印发《黑龙江省2005年对农民粮食直接补贴推进意见》的通知	①2005年粮食直补的基本政策是"大稳定、小调整"；②省核定给各市（地）的机动补贴要统筹使用，按照规定发放；③粮食直补资金实行专户管理，封闭运行；④补贴要做到"一个到村，三个到户，六个不准"，更显公平、公正
4	关于印发《黑龙江省农业机械购置补贴专项资金使用管理细则》的通知	制定了《黑龙江省农业机械购置补贴专项资金使用管理细则》，明确了农业机械购置补贴的具体实施办法
5	省财政厅关于对种粮农民柴油等农业生产资料增支实行综合补贴的通知	①新增补贴资金对种粮农民实行粮食综合直接补贴；②按照2006年粮食直补面积和2005年农业综合机械化程度两项因素占全省总量以70%和30%权重核定金额；③综合直补资金纳入粮食风险基金专户，实行分账核算，单独反映；④综合直补资金的兑付按照粮食补贴管理办法执行
6	省财政厅关于印发《黑龙江省对农民粮食补贴工作经费管理办法》的通知	明确提出对农民补贴工作经费筹措、分配、使用、拨付及监管的具体要求，实行严格责任追究制度

资料来源：根据黑龙江省人民政府、财政厅等网站出台的相关政策文件及《黑龙江省粮食补贴方式改革文件汇编》整理所得。

同时，在省长直接负责的体制下，自2004年粮食直补政策实施以来，黑龙江省财政厅、粮食局每年年初均发布粮食补偿落实的指示性文件，并按期督查政策的执行情况，有效地保障了粮食补偿工作的实施效果，为稳定黑龙江省粮食产量及粮食输出量提供了有力支撑。此外，在黑龙江省绿色食品产业的带动下，黑龙江省财政厅提高了财政转移支出的支付总额，同时，采用多种途径对粮食生产进行补贴，安排专项资金用于农业保险、耕地改造和水利基础设施建设，不断完善政策支持体系。

（6）补贴资金总额及农民增收情况。黑龙江省粮食生产主体功能区粮食补贴总额及实施粮食补贴的面积情况如表4－3所示，黑龙江省种粮农民收入水平及收入构成情况如表4－4所示。

表4－3　黑龙江省粮食生产主体功能区粮食补贴总额及实施粮食补贴面积

| 年份 | 粮食补贴 | | | | | | | | 实施粮食补贴面积（万亩） |
	粮食直接补贴资金（亿元）	增长比率（%）	农资综合补贴资金（亿元）	增长比率（%）	良种补贴资金（亿元）	增长比率（%）	农机具购置补贴（亿元）	增长比率（%）	
2004	18.52	—	—	—	—	—	—	—	14273.89
2005	19.28	4.1	—	—	—	—	—	—	14863.36
2006	22.97	19.1	12.78	—	3.73	—	1.77	—	16236.33
2007	22.92	-0.22	26.74	10.9	4.11	10.18	2.71	53.1	16218.51
2008	23.08	0.69	69.95	16.1	6.33	54.01	8.28	20.5	16217.61
2009	22.98	-0.43	69.88	-0.1	9.41	48.64	13.5	63.0	16208.72
2010	22.97	0.01	69.86	0.02	17.50	85.99	17.7	31.1	16200
2011	24.68	7.44	79.67	14.04	17.73	1.31	19.05	7.62	17689
2012	24.83	0.6	99.88	25.36	18.00	1.55	26.66	39.94	17691

资料来源：根据《黑龙江省粮食补贴工作会议文件》（2005～2013）、《中国农业机械工业年鉴》（2005～2013）、《黑龙江省财政厅粮食补贴工作情况报告》（2005～2014）整理得出。

由表4－3分析可知，总体而言，用于黑龙江省粮食生产主体功能区的四种粮食补贴均呈现出逐年增加的趋势，但四种粮食补贴形式的补贴总额变化趋势存在较大的差异，且四种不同形式的粮食补贴总额存在不平衡的现象。①粮食直接补贴总额在观测期内总体涨幅相对平缓，除了2005年、2006年和2011年较上年增长率超过4%外，其他年度的变动比率均在1%以下，由此可见，粮食直接补贴的补偿收益已失去其应有的激励作用，逐渐成为农民种粮的一项基本补贴。②农资综合补贴总额呈现出不规则的波动趋势，但与粮食直接补贴相比，其总体增长趋势十分明显。2006 年黑龙江省农资综合补贴资金总额为 12.78 亿元，2012 年该项补贴资金增长到 99.88 亿元，增加了 87.1 亿元，已成为提高种粮农民收益、带动粮食增产的关键保障因素。③与粮食直接补贴和农资综合补贴相比，2004～2009 年，黑龙江省用于良种补贴及农机具购置补贴的资金规模相对较小，但增长幅度较大。2006 年黑龙江省开始发放水稻良种补贴，补贴金额为 3.73 亿元，2009 年黑龙江省良种补贴品种增加到四个，包括水稻、玉米、大豆和小麦，补贴金额达到 9.41 亿元，较 2006 年增加了 5.68 亿元。2010～2012 年，年均补贴金额在 17 亿元以上，2012 年达到 18.00 亿元，较 2006 年增长近 6 倍。由此可见，在粮食总产量持续增加及农业技术推广覆盖范围逐渐扩大的双重作用下，良种补贴已成为现代农业发展的重要推动因素。④农机具购置补贴在观测期内呈现区间性的跳跃增长，2006 年黑龙江省农机具购置补贴金额仅为 1.77 亿元，2009 年该项补贴总额达到了 13.5 亿元，首次突破 10 亿元，较 2006 年增加了 11.73 亿元，2012 年农机具购置补贴增至 26.66 亿元，占国家补贴总额的 13.3%。

随着黑龙江省粮食生产主体功能区粮食补贴政策的落实及粮食补贴金额的增长，促进了粮食总产量的不断提高，但现行所采用的粮食补贴方式的实际影响却在逐渐减弱，未来几年内，粮食总产量可能会出现拐点，后续发展前景较为严峻。

表 4-4　黑龙江省种粮农民收入水平及收入构成情况　　　单位：元

年份	农民纯收入	工资性收入	家庭经营收入		财产性收入	转移性收入
			农业收入	林牧渔等其他收入		
2004	3005.1	413.1	2035.1	294.3	137.0	125.6
2005	3221.2	464.3	2043.6	320.3	230.6	162.4
2006	3552.5	654.9	2224.0	297.5	145.7	230.4
2007	4132.3	773.9	2449.0	399.9	196.1	313.4
2008	4855.7	916.8	2674.1	489.6	243.6	531.6
2009	5206.7	1019.6	2895.6	431.1	241.0	619.4
2010	6210.7	1241.6	3545.2	396.4	344.1	683.4
2011	7590.7	1496.5	4150.3	633.8	545.2	764.9
2012	8603.8	1816.8	4880.5	553.2	580.3	773.0

资料来源：根据《黑龙江省统计年鉴》（2005～2013）整理得出。

由表 4-4 可知，2004～2012 年，农民的年均纯收入整体保持了平稳增长的态势，由 2004 年的 3005.1 元增加至 2012 年的 8603.8 元。

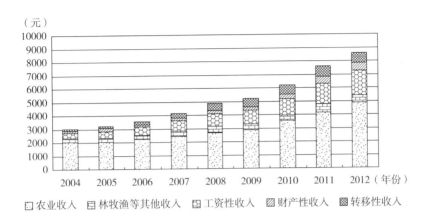

图 4-1 黑龙江省农民纯收入构成比例

从图 4-1 可以看出，在观测期间内，涵盖农业收入及林牧渔等其他收入来源的家庭经营收入虽在总量上呈现增长的趋势，但在农民纯收入中的占比不断下降，其中农业收入的占比从 2004 年的 67.7% 降至 2012 年的 56.7%，2012 年家庭经营收入在农民纯收入中的占比高达 77.8%，是农民的主要收入来源。工资性收入、财产性收入、转移性收入占农民纯收入的比例呈现逐年上升趋势，其中工资性收入从 2004 年的 13.7% 提高到 2012 年的 21.1%，2012 年三项收入的合计比例达到 22.2%，相较 2004 年增长了 14 个百分点。通过分析可以发现，随着农村劳动力向城市转移程度的不断加深，务工收入逐渐成为农民收入的重要来源，涵盖农业收入及林牧渔等其他收入的家庭经营收入的支撑力逐渐削弱，且农民收入结构的轴心逐渐偏移。这些转变反映出农民种粮收益的实际水平在下降，种粮农户的产出与投入不匹配，且现行粮食利益补偿无法保证农民收入水平的提升，粮食生产总量的增长将存在放缓的趋势。

4.2.2 农业生态补偿现状

目前，黑龙江省粮食生产主体功能区在农业生态补偿方面仍处于探索阶段，主要体现在用于水资源保护的农田水利设施建设投入、退耕还林政策及绿色农业生态补偿。

（1）农田水利设施建设投入。黑龙江省农田水利设施建设主要历经了萌芽期、成长期及成熟期三个阶段，如表 4-5 所示。1950~1965 年是黑龙江省农田水利设施建设的萌芽期，这一时期农田水利设施建设的主要任务是在完成对已建成的农田水利基础设施进行配套的基础上,积极兴建大中型农田水利设施项目。1965～2000年是黑龙江省农田水利设施建设的成长期,这一时期农田水利设施建设逐渐步入了正轨,在"以水土为中心,以灌溉为重点"的指导下,对现有的农田水利进行整顿配套及完善升级,并合理地利用省财政资金对大中型农田水利项目进行完善升级,在此期间用于农田水利设施建设的资金达40多亿元,共完成农田水利设施建设面积达50亿立方米。2000年至今是黑龙江省农田水利设施建设的成熟期,这一时期对农田水利设施建设中的节水灌溉项目的重视程度不断提升,并提出充分利用高科技手段实现农田水利建设的"标准化、科技化、现代化、人性化",黑龙江省将大中型农田水利工程的节水改造和节水示范区的建设作为农田水利设施建设的投资重点,截至2013年,全省共有66个小型农田水利重点县被列入节水改造建设计划中,其中有44个小型农田水利重点工程已经开始建设,节水改造项目的投入运营不仅能够节省财政支出,而且能够提高灌溉保证率。

表4-5 黑龙江省农田水利设施建设阶段及主要任务

阶段	年份	主要任务
萌芽期	1950～1965年	对已建成的农田水利基础设施进行配套建设 兴建大中型农田水利设施项目
成长期	1965～2000年	大中型灌区的重点项目和枢纽工程进行完善升级
成熟期	2000年至今	大中型农田水利工程的节水改造和节水示范区建设

第一,黑龙江省农田水利设施建设的基本情况。为了促进黑龙江省农田水利设施建设的快速发展,黑龙江省政府出台了一系列的与农田水利设施建设有关的政策、条例及规划,如《关于加快水利建设大力发展现代水利的决定》《黑龙江省实施"千亿斤粮食产能工程"》《黑龙江省现代化大农业示范区的建设》《黑龙江省农田水利重点县建设项目启动》《黑龙江省农田水利条例》《黑龙江省现代水利发展战略规划》《黑龙江省启动"节水增粮行动"》等。尤其是2008年之后,每一项政策、条例及规划的贯彻落实均对黑龙江省农田水利设施建设起到了直接的或间接的推动作用。其中,2010年2月1日起开始实施的《黑龙江省农田水利条例》,是在国家暂无农田水利法的情况下出台的一部黑龙江省全面规范农田水利设施建设的行政法规,对黑龙江省从事农田水利建设、管理和工程使用等活动提供了重要的法律制度保障。

自2003年开始,中央政府不断重视作为第一产业的农业的发展。2004～2015年的12年间,中央政府共发布了12个以"三农问题"为主题的中央一号文件。作为第一大粮食生产主体功能区的黑龙江省在中央一号文件的引导下，黑龙江省的农田水利设施建设被提上了重要的促进农业发展的日程。

同时，为了对水土流失进行有效治理，黑龙江省贯彻落实《中华人民共和国水土保持法》，积极推进水土流失重点治理工程建设，完成国家农业综合开发东北黑土区水土流失重点治理一期工程建设，并通过了国家水利部的验收。截至2012年，黑龙江省顺利完成水土流失治理面积284万公顷，共完成投资3.6亿元，投资包括中央投资及黑龙江省政府投资，其中中央投资2.32亿元。建设项目水土保持方案共135个，征收水土流失防治费1122.4万元。2015年1月1日起，黑龙江省开始实施《黑龙江省水土保持补偿费征收使用管理实施办法》，规定水土保持补偿费由省级水行政主管部门进行征收，按征占土地面积1.5元/平方米的标准进行征收，以1:9的比例分别缴入中央财政及省政财政，并实现专款专用，用于水土流失的预防和治理。

黑龙江省为了抵御旱涝灾害，在国家下发的《关于加强嫩江松花江和辽河流域近期防洪建设的若干意见》的指导下，积极投入资金对重点流域的堤防进行建设，堤防长度由2004年的12086公里增至2012年的12471公里，堤防保护面积由2004年的278.4万公顷增至2012年的308.2万公顷。

可以看出，黑龙江省农田水利设施建设在旱田节水灌溉、防旱防洪及水土治理方面均取得了较为显著的成效，并产生了较好的生态效益，如对农业环境的改善、土壤的改良及排涝抗旱。然而，目前黑龙江省共拥有1918条河流，除松花江、嫩江及牡丹江外，其余的河流基本没有水源控制工程。已建成的水库可以使用的有效库容为268.1亿立方米，仅占地表水总量的39.1%，过境水资源没有得到合理利用，且于20世纪50～70年代修建的农田水利设施均已进入了效能衰退期，急需更新改造。同时，黑龙江省旱田面积约为940.05亿公顷，约占全省总耕地面积的83%。按照常规计算，1眼机井的灌溉覆盖能力为400亩，黑龙江省至少需要32.5万眼机井，而目前年均机井数仅为26.5万眼，缺口为6万眼，旱田有效灌溉率仅为24.6%，明显低于全国46.9%的平均水平，实灌亩均用水量为595立方米，比全国平均水平高出约32.8%，年浪费的水资源约为96亿立方米。通过分析可以发现，黑龙江省农田水利设施建设不足，现有的农田水利设施存在老化现象，使得有效灌溉不足，造成了严重的水资源浪费。

第二，黑龙江省农田水利设施建设的资金投入情况。黑龙江省用于农田水利设施建设的资金来源主要有中央财政的转移支付、黑龙江省政府财政支出及社会民间投入。根据中央一号文件的精神，中央政府逐步增加了对小型农田水利设施建设的专项补助资金，扩大了节水灌溉的新技术、新设备的购置补贴范围和贷款贴息规模，调整了节水灌溉设备的税收优惠政策，推行部分土地出让收益用于农田水利设施建设，对农业灌排工程运行管理费进行适当的财政补贴。

黑龙江省农田水利设施建设的资金投入逐年增加，黑龙江省累计投入农田水利设施建设资金716.8亿元。然而，根据黑龙江省"千亿斤粮食工程"规划，黑龙江省农田水利建设需投入资金824亿元，若中央政府和黑龙江省政府按资金投入1:1的比例计算，中央政府和黑龙江省政府各需投入412亿元，资金缺口达到107.2亿元。

第三，黑龙江省农田水利设施的维护情况。随着农田水利设施的大规模及快速兴建，农田水利设施的维护问题逐渐引起了黑龙江省政府的关注。黑龙江省在农田水利设施工程及灌溉设施能够覆盖的区域，以行政辖区为界，以用水协会为主，采取用水户参与式灌溉管理方式，组建了农业用水合作组织，黑龙江省采取积极的政策及给予资金支持促进农业用水合作组织的发展。农业用水合作组织的良性运行可以实现用水户参与灌溉管理、农村中小型农田水利工程的维护、节约灌溉用水及维护弱势群体的灌溉权利。

（2）退耕还林政策。黑龙江省作为第一产粮大省，自20世纪六七十年代对坡耕地进行开垦以来，耕地质量下降，黑土层流失严重，黑土层厚度明显减少，从初垦期的80～100厘米减少到现在的20～30厘米，土壤有机质含量大幅度下降，从12%下降至1%左右，土壤地力明显减退，农业生态环境的恶化对黑龙江省农业的稳产、高产及逐年增产造成了影响。因此，黑龙江省积极响应国家的退耕还林政策，2000年黑龙江省穆棱市、尚志市被纳入国家退耕还林试点县范围，2002年黑龙江省全面启动了退耕还林工程。为促进黑龙江省退耕还林政策的落实，实现对农业的生态补偿，黑龙江省先后制定并实施了《黑龙江省退耕还林工程作业设计操作细则》《黑龙江省退耕还林工程建设种苗管理办法》《黑龙江省退耕还林还草试点　粮食供应和粮食补助资金管理暂行办法》《黑龙江省退耕还林工程建设检查验收办法》《黑龙江省实施〈退耕还林条例〉办法》，使黑龙江省退耕还林工程的实施有了法律保障，并对黑龙江省退耕还林过程中的补偿主体、补偿对象、补偿期限、补偿标准、补偿资金来源及补偿形式进行了规定。黑龙江省从2000年开始试点实施退耕还林政策，持续实施了6年，到2005年总共退耕还林面积为400万亩。由于受到耕地红线等因素影响，2006年黑龙江省停止了退耕还林政策的实施。

第一，补偿主体。根据《退耕还林条例》的相关规定，中央政府是退耕还林政策的补偿主体，并将黑龙江省政府作为辅助。在退耕还林政策的实施过程中，国家即中央政府所提供的补助包括粮食补助、现金补助、种苗补助、造林及护林费补助、农村基础设施建设补助。黑龙江省政府提供的支持包括粮食调运等有关费用，加强农田基础设施建设，增加投入，全面改良土壤，提高土地的地力，提升单位粮食产量，解决退耕还林者对粮食及能源的需求，加速地方经济建设，防止农民返耕。

第二，补偿对象及补偿期限。退耕还林政策的补偿对象为退耕农户、占用的农业发展银行的粮食贷款户，其中退耕农户是指拥有土地承包经营权的自然人。根据国家的规定，黑龙江省所执行的退耕还林的补偿期限为经济林5年、生态林8年。

第三，补偿标准。2000年至2004年9月，黑龙江省退耕还林补偿主要包括粮食补助、现金补助、种苗及造林费补助，在进行补偿过程中补偿的退耕还林面积按照验收合格的面积计算，且暂未承包到户及处于休耕状态的坡耕地不列入退耕还林面积。其中，粮食补助按照每亩为退耕农民补助粮食200斤，每斤粮食折价0.7元的标准计算，即国家根据验收合格的退耕还林面积，计算出所需补助的粮食数量，按照每斤粮食0.7元的价格标准计算出粮食补助价款，统一拨补给黑龙江省政府，黑龙江省政府利用中央政府拨补的粮食补助价款购买粮食，将粮食发放给退耕农户；现金补助的年标准为20元/亩，用于补助医疗教育等；种苗及造林费补助为一次性发放，标准为50元/亩。国家对退耕还林的补偿标准不断地进行调整，黑龙江省根据国家的相关调整出台了《关于退耕还林粮食补助改现金后有关财政财务处理问题的紧急通知》，将退耕还林粮食补助改为现金，一律改按每公斤粮食折资1.4元的标准发放现金，退耕还林粮食补助资金即可由各地乡（镇）财政所和农垦部门以现金的形式直接发放给退耕农户，也可在乡（镇）和农场所在地金融机构开设粮食补助存款专用账户，以银行存折的形式发放给退耕农户。同时，国家通过财政转移支付的形式对黑龙江省政府因退耕还林减少的财政收入进行补偿。2007年8月，国务院颁布了《关于完善退耕还林政策的通知》，根据此通知，黑龙江省逐步建立起了退耕还林的长效机制，制定了退耕还林补助期满后的补偿标准，即对于验收合格的退耕还林面积，每亩退耕土地每年现金补助及生活补助共90元，且退耕农户享有在退耕土地上种植林木的所有权。

第四，补偿资金来源。黑龙江省退耕还林的补偿资金来源主要有中央财政收入、各级专户暂存款利息及黑龙江省政府财政收入，且用于退耕还林的补偿资金均存入农业发展银行"国家储备粮油补贴"账户，实现粮食补助资金收支的专门登记及专户管理。中央财政用于支付退耕还林前期的基本建设投入、支持科技投入补助及退耕还林政策实施过程中支付的所有补偿现金，黑龙江省财政承担退耕还林政策执行成本及粮食调运等费用。

第五，补偿方式。退耕还林是政府通过公共财政支付的方式实现对退耕农户的补偿，黑龙江省在实施退耕还林过程中采取的补偿方式主要有资金补偿和实物补偿两种。

（3）绿色农业生态补偿。目前，黑龙江省发展绿色农业，对绿色农业进行生态补偿主要体现在农作物秸秆能源化利用及支持绿色食品产业发展方面。①农作物秸秆能源化利用方面。2010 年 2 月，黑龙江省政府印发了《黑龙江省新能源和可再生能源产业发展规划（2010～2020 年)》，强调积极发挥财税政策的引导效应和乘数效应，加大财政投入力度支持新能源产业的发展。借助黑龙江省政府提供的财政补贴及相关经济激励手段，建立了秸秆固化、秸秆沼气、秸秆气化和秸秆液化试点示范区，并积极推进秸秆发电及秸秆粉碎还田等工程。②支持绿色食品产业发展方面。2001 年，制定并出台了《黑龙江省绿色食品管理条例》，从规范化及法制化的角度出发，使绿色食品的管理步入正轨，初步形成了绿色玉米、绿色大豆等粮食作物的生产加工体系。为了加速绿色食品产业的发展，促进农业结构调整和农民增收，2008 年省财政厅、省农业厅颁布了《黑龙江省绿色食品产业发展专项基金管理办法》，设立了支持绿色食品产业发展的专项资金，专项资金的主要来源为省级财政预算，专项资金主要用于支持绿色食品基地建设、绿色产品认证、质量监控、食品安全监测、区域环评及绿色食品市场开发等环节。

4.2.3 粮食生产发展保护补偿现状

为保证种粮农民收益，维护粮食产量稳定，促进粮食生产发展，维护国家粮食安全，2004 年国家出台了水稻、小麦粮食最低收购价政策和粮食临时收储政策，并在此基础上不断探索完善粮食生产发展资金投入政策和粮食主销区反哺政策，致力于构建全方位的粮食生产发展保护体系。

（1）粮食最低收购价政策。2004 年，国务院出台的《粮食流通管理条例》中提出对主要粮食生产主体功能区内短缺的重点粮食品种根据实际需求推行最低收购价格，以确保农民利益，稳定粮食产量，保证市场供应。根据最低收购价政策的相关规定，只有当粮食收获期市场价格低于最低收购价时，才启动粮食最低收购价预案。

粮食最低收购价政策的执行主体是中储粮总公司及其委托的公司，当市场价格低于最低收购价时，必须按照最低收购价收购粮食，而其他粮食企业可以按照市场价格自行收购。粮食最低收购价政策仅限于重点粮食生产主体功能区的规定品种，共涉及 12 个省份，其中包括 5 个小麦主产省，7 个稻谷主产省，辽宁省为 2008 年新增省份，如湖南省、湖北省、江西省及安徽省 4 省的早籼稻，湖南省、湖北省、安徽省、江西省、四川省、吉林省、黑龙江省 7 省的中晚稻和粳稻，黑龙江省、河北省、江苏省、安徽省、河南省、山东省、湖北省 7 省的小麦；粮食最低收购价政策涉及的粮食作物品种主要为小麦和稻谷两类，玉米和大豆由于口粮功能不断弱化，主要用于饲料用粮和工业用粮，未被纳入粮食最低收购价政策范围之内，在规定范围之外的粮食价格不享受粮食最低收购价政策，其粮食价格完全由市场决定。政策运行时间根据国家发改委、财政部、农业部等部门的相关要求，按照发布年度粮食最低收购价执行预案中的期限执行。

自 2004 年以来，黑龙江省粮食生产主体功能区所执行的粮食最低收购价政策一直以国家粮食最低收购执行预案为依据，最早享受粮食最低收购价政策的粮食作物为中晚稻和粳稻，2006 年起将小麦纳入了粮食最低收购价政策中。同时，黑龙江省按照国家的相关规定决策是否启动粮食最低收购价预案。

然而，对于黑龙江省种粮农民来说，实施粮食最低收购价政策并不能有效弥补"谷贱伤农"所造成的损失。由于黑龙江省产量最高的粮食作物是玉米，而玉米并未被列入国家规定的粮食最低收购价实施作物种类中，同时作为国家大豆的重要产出地，大豆也不在此列，可能是造成大豆连续几年呈现产量下降的原因之一，这些都需要国家及地方政府出台针对性的政策给予保障。

（2）粮食临时收储政策。2004 年，国家出台了相关政策，使粮食市场和粮食价格得以全面放开，粮食购销进入了市场化阶段。2007 年，为了维护农民利益，保护农民的种粮积极性，保持粮食产量，稳定农业生产，解决粮食生产主体功能区存在的"卖粮难"问题，国家在实施稻谷、小麦最低收购价政策的基础上，先后对玉米、大豆、油菜籽等粮食作物实施了临时收储政策，使粮食收购工作更为有效的开展，也加强了对粮食市场的调控。

根据国家发展和改革委员会、国家粮食局、财政部和中国农业发展银行发布的《关于 2009 年国家临时存储粮食收购等有关问题的通知》（国粮调〔2009〕242 号）和中储粮总公司发布的《关于做好 2009 年东北地区国家临时存储粮食收购工作等有关问题的通知》（中储粮〔2009〕786 号），黑龙江省自 2009 年起开始实行玉米和大豆的临时收储，此后，每年秋粮收获期间，根据市场上两种粮食作物的价格水平，按照国家要求，由中储粮黑龙江省分公司开展收储工作。黑龙江省 2009 年以来玉米和大豆临时收储价格如表 4 - 6 所示。

表 4 - 6　黑龙江省玉米和大豆临时收储价格和市场价格比较　单位：元/斤

年份		2009	2010	2011	2012	2013
玉米	临时收储价	0.74	0.89	0.98	1.05	1.11
	市场均价	0.66	1.01	1.09	1.01	1.06
大豆	临时收储价	1.87	1.90	—	2.30	2.30
	市场均价	1.91	1.98	2.25	2.15	2.32

注：表中玉米和大豆的价格均是三等质量标准下各年度月份价格的平均值，具体质量标准按玉米国家标准（GB1353—2009）执行，相邻等级之间差价按 0.02 元/斤计算。

资料来源：根据黑龙江省粮食局网站和黑龙江省农业信息网相关资料整理得出。

由表 4-6 可知，黑龙江省针对玉米和大豆的临时收储价格与当年的市场价格水平相当，偏差率均在 15% 以内。可见，临时收储是一种宏观调控行为，在一定程度上影响着市场机制的运行。因此，在坚持粮改市场化方向的前提下，黑龙江省通过落实国家临时存储粮食收购等调控支持政策，支撑了市场粮食收购价格，使农民余粮顺畅销售，增加了农民的种粮收入，持续调动了地方政府和农民粮食生产的积极性，从而有效地确保了粮食总产量的增长，增强了国家宏观调控的物质基础。

（3）大豆目标价格政策。随着国家粮食贸易的日趋活跃，粮食交易市场在粮食资源配置过程中所发挥的作用愈加明显。2014 年，根据新形势和新特点，国家 1 号文件出台了新的政策，国家发改委将东北"三省一区"作为大豆目标价格政策的试点，并将大豆的目标价格设定为 2.4 元/斤。黑龙江省作为东北地区非转基因大豆的主要产区，是东北地区大豆目标价格政策执行的主要对象。实施目标价格后，黑龙江省政府将不再主动干预大豆市场价格，粮食购销企业按市场价格收购，当大豆产品市场价格低于目标价格时，政府对粮食生产者就差价进行补贴，将原有的包含在价格中的"暗补"变为直接支付的"明补"。当大豆产品市场价格高于目标价格时，国家不发放补贴。

（4）粮食生产发展资金投入政策。国家对于粮食生产发展资金的投入集中体现在粮食风险基金包干政策，国家通过核定各粮食生产主体功能区的粮食风险基金金额，从中央财政中拨付相应额度的资金，支付各地区用于粮食生产发展的各项开支。

目前，黑龙江省粮食风险基金包干总额为 453906 万元，是国家 2001 年调整粮食风险基金包干政策时批复的金额。在政策实施的初期，黑龙江省粮食风险基金的筹集采取中央拨付与地方配套相结合的方式，其中中央拨付 315837 万元，约占粮食风险基金包干总额的 70%，地方配套 138069 万元，约占粮食风险基金包干总额的 30%。随着黑龙江省粮食生产财政兑付资金规模的逐年增加，地方财政的配套压力也越来越大，2009 年，根据《中共中央关于推进农村改革发展若干重大问题的决定》和 2009 年、2010 年中央一号文件精神，财政部批准黑龙江省分 3 年逐步取消粮食风险包干基金的省级配套资金 138069 万元，其中 2009 年取消了 13132 万元，2010 年取消了 47096 万元，2011 年取消了剩余的 77841 万元，因此从 2011 年起，中央财政全额负担黑龙江省的粮食风险基金包干资金 453906 万元。

作为国家支持黑龙江省粮食生产主体功能区粮食生产的财政转移支付，粮食风险基金是促进粮食生产发展、提高粮食产能、保障粮食稳产增产、确保国家粮食安全的直接资金来源。以 2012 年为例，中央财政拨付黑龙江省的粮食风险基金为453906万元，按照国家粮食风险基金政策的规定支出为429710万元，其中，支付农民粮食直补资金248324万元、地方储备粮油利息费用补贴13926万元、政策性粮食财务挂账利息115000万元、"节水增粮行动"50000万元和列支2011年粮食直补工作经费2460万元，有效地保证了粮食生产、补偿和各项管理工作的顺利开展。

（5）粮食产销区互助政策。粮食生产和经营是粮食生产主体功能区的主要经济支柱，发展粮食加工业，延长粮食产业链是粮食生产主体功能区经济发展的必然选择，但由于粮食生产主体功能区在经济实力、技术能力等方面相对薄弱，致使粮食产业的潜能难以得到充分发挥。而粮食主销区通常都是经济比较发达的地区，无论是从产销区互助发展，还是从维系粮食产量、保障国家粮食安全的角度考虑，有必要落实并充分实施主要粮食主销区反哺粮食生产主体功能区的互助政策。

黑龙江省作为国内商品粮的主要产区，正不断探索和推动粮食产销区的反哺及互助政策。2013年在"政府推动，部门协调，市场机制，企业运作"的政策指导下，黑龙江省已与国内17个省市签署了产销合作协议，部分经济发达的粮食主销区通过投资建设粮食收储基地、投资成立购销企业等多种方式不断深化与黑龙江省的粮食产业化发展互助合作关系。例如，北京在建三江投资建设了粮食收储基地，上海在大庆投资建设了粮食收储基地，上海良友集团出资控股与虎林绿都集团所属的7个国有粮食购销企业和8个稻米加工厂共同组建了新的产、购、加、销一体化集团，浙江省投资建设了120万亩的生产基地，部分省市出台了企业到黑龙江省采购粮食给予适当费用补贴的鼓励政策，部分港口和物流企业积极研究出台了港杂费优惠、仓单质押贷款等支持政策。

同时，合作领域进一步拓展，在初期单纯粮食购销合作的基础上，不断创新发展了地方储备粮异地代购代储、动态储备和互建生产、储存、加工、销售基地等多种合作模式，合作层次进一步提高，产销区市县间、企业间的资本联合、产业项目共建等深层次合作也取得了新的进展。

（6）产粮大县奖励政策。为了改善和增强粮食生产主体功能区中产粮大县的财力状况，调动地方政府重农抓粮的积极性，2005年中央财政出台了产粮大县奖励政策，对粮食产量大于4亿斤，且扣除口粮、饲料粮、种子用粮以外的商品粮大于1000万斤的产粮县市进行奖励，在对常规产粮大县进行奖励的基础上，中央财政对粮食产量或商品粮列居全国前100名的超级产粮大县给予重点奖励。目前，中央财政对超级产粮大县实行的是粮食生产"谁滑坡、谁退出，谁增产、谁进入"的动态调整制度。常规产粮大县奖励资金与省级财力状况挂钩，以省为单位划分为一、二、三类地区，不同地区中央采用的奖励系数分别为0.2、0.5

和1，同时具有产粮大县和财政困难县的二类地区奖励系数为0.625，三类地区奖励系数为1.25。中央财政以近5年的粮食商品量、粮食产量、粮食播种面积及所占权重作为依据，对产粮大县奖励资金进行测算，产粮大县奖励资金由中央财政测算分配到县，常规产粮大县奖励标准为500万～8000万元，奖励资金作为一般性转移支付，由县级人民政府统筹使用，超级产粮大县奖励资金用于扶持粮食生产和产业发展。国家产粮大县奖励政策有效地缓解了黑龙江省粮食产出县的财政困难，改善了农村公共事业落后的状况，支持了农业生产、仓储设施建设和粮油精深加工业发展。

（7）种粮大户财政补贴政策。为了促进粮食生产发展，实现土地的高效流转，黑龙江省于2012年5月开始试点实施种粮大户财政补贴政策。种粮大户财政补贴政策的补贴对象为实际粮食种植面积不低于1000亩，且单块连片种植面积在500亩以上的粮食生产者，即为种粮大户；补贴品种仅限于种粮大户在实际种粮面积上种植小麦、玉米、大豆和水稻四种粮食作物；补贴方式为建立种粮大户贴息奖励机制及对超级产粮大户的农业基础设施建设项目给予补助。

4.3 黑龙江省粮食生产主体功能区补偿存在的问题

4.3.1 粮食利益补偿存在的问题

（1）粮食补贴增长额度偏少。黑龙江省粮食补贴增长额度与农民实际收益期望仍存在较大的差距，即使黑龙江省每年均向农民发放粮食补贴，且粮食补贴的额度逐年上涨，但是由于粮食补贴增长额度偏少，使得普通农民种粮获取的收益与种植经济作物和进城务工取得的收益相比差距越来越大，致使城乡居民的人均收入水平差距不断增大，以家庭为单位从事粮食生产，并将种粮作为家庭主要经营方式的农户很难步入中、高收入阶层。同时，由于粮食补贴增长的额度大部分被通货膨胀、生产成本上升等因素所抵消，使得最终补偿到农民手中的收益增长幅度非常小。

（2）粮食补贴发放依据设定不合理。目前，黑龙江省面向种粮农民直接发放的粮食补贴主要有四种，即粮食直接补贴、农资综合补贴、良种补贴和农机具购置补贴，四类补贴按条目发放形式在执行过程中易受到统计标准不统一、信息不对称等因素影响出现补偿不到位或重复补偿的情况。首先，黑龙江省粮食直接补贴和农资综合补贴仍是按计税耕地面积发放，而省内各县市均存在计税耕地面积与实际种植面积不符的现象，使得普惠制的粮食直接补贴和农资综合补贴在发放过程中会产生虽情况不同，但收益差别不大的问题，极大地弱化了这两种补贴对种粮农民的激励作用，对种粮农户的利益造成影响。其次，良种补贴和农机具购置补贴是针对特定种粮农户或集体发放的，其发放依据本身就存在动态变化性，虽然黑龙江省先后多次开展了补偿面积核查工作，但种粮农民情况的不断变化，严重影响了统计结果的跨年有效性。最后，按照"四种补贴"的执行办法，黑龙江省粮食补贴的指向对象是土地承包人，且根据承包计税耕地面积补偿，使得一些农民改种经济作物或放荒土地仍可以获得补贴。

4.3.2 农业生态补偿存在的问题

（1）农田水利设施建设资金投入不足。国家中科院的研究表明，在影响粮食生产的诸多要素中，水的增产效用最为突出，1 亩水浇地的收益是 1 亩旱地的 2 ~ 4 倍，水利对粮食生产的贡献率高达 40% 以上。然而，黑龙江省的农田水利设施建设资金的来源为中央政府投资、黑龙江省政府投资及银行贷款，资金投入不足，严重影响了农田水利设施建设。"十一五"期间，黑龙江省用于水利设施建设的资金投入虽已累计达到了 357 亿元，但相比对水利设施建设投入的实际需求来说，资金缺口依然较大；"十二五"期间，国家虽提出从各省市土地出让收益中提取 10% 用于农田水利设施建设的资金筹集，但以 2012 年为例，黑龙江省土地出让收入为 348 亿元，仅占全国土地出让收入的 1.2%，而黑龙江省的粮食主销地区北京、上海的土地出让收入分别达到了 1001 亿元、1077 亿元，约为黑龙江省的 3 倍，主销区 95% 的粮食来源于外部调入，相比之下，黑龙江省作为最需要投资农田水利建设的产粮大省，通过这种方式投入到农田水利设施建设上的资金规模根本不能满足实际需求，产量越大，则压力越大。

总体来看，黑龙江省农田水利设施建设资金投入不足，农业基础设施建设滞后问题突出，大型水利工程和抵御自然灾害的防护工程缺口较大，同时，黑龙江省农田水利设施工程配套完好率不到 10%，并且存在着管理不到位的现象，在一定程度上影响了粮食的持续稳定增产，制约了现代化大农业的发展。

（2）退耕还林政策在实施的过程中补偿主体、补偿标准、补偿方式较为单一固定，影响农业生态建设的可持续发展。①退耕还林补偿主体方面。仅强调了行政上的财政纵向转移支付而忽略了区域间的横向转移支付，使得国家补偿资金投入大，负担较重。②退耕还林补偿标准方面。从 2004 年开始，黑龙江省将退耕还林粮食补助改为现金，一律改按每公斤粮食折资 1.4 元的标准发放现金，没有考虑到粮食市场价格变动可能带来的影响,这种"一刀切"的做法虽然使操作效率得到了很大的提升,但是出现了"过补偿"和"低补偿"现象。③退耕还林补偿方式方面。注重财政对经济方面的补偿,忽视技术与智力方面的补偿,采取的多为"输血式"的补偿方式,而较少采取能够解决农业生态问题的"造血式"补偿方式。④退耕还林政策中的退耕还林补贴规定了期限,工程期满后,退耕农民一旦不能够再得到相应的补偿,就会在一定程度上对退耕农户的退耕积极性产生影响,使退耕还林政策存在着不可持续的风险。

(3)用于绿色农业生态补偿的专项资金来源及使用范围狭窄。首先,专项资金来源单一,主要来源于黑龙江省政府的预算,缺少中央、省级以下地方政府的财政支持及相关金融手段的支持,不仅增加了省级财政的负担,而且使专项资金发挥的作用受到了限制。其次,专项资金的使用范围狭窄。截至 2012 年,黑龙江省用于绿色农业生态补偿的专项资金仅能依据专款专用的原则,用于与绿色食品有关的方面,且仅限于推进省级以上重大项目及重点工程的实施。

4.3.3 粮食生产发展保护补偿存在的问题

(1)粮食生产保护政策缺少有效的动态调整。虽然黑龙江省在落实国家出台的粮食生产保护政策时会根据当年的实际情况向后滚动调整,但这种调整通常局限于一个设定的框架中,使得粮食最低收购价、粮食临时收储、产粮(油)大县奖励等保护政策的激励效果难以得到充分发挥。

首先,2004 年国家出台了以降低种粮农民面临的市场风险,保证基本收益为核心的粮食最低收购价政策,极大地调动了农民种粮的积极性,但是由于局限于"保本微利"的政策制定原则,对市场供求和成本上升的因素权重设定较小,制定的价格相对较低,上涨幅度过慢,政策的红利对农民增收的贡献越来越弱,很难激发农民的种粮热情。其次,2009 年作为国家支持东北地区粮食产业基地建设的临时收储政策,正式在东北"三省一区"实施,通过对大豆、玉米的临时收储政策极大地促进了黑龙江省大豆、玉米购销工作的开展,并保证了产出和销售总量的平衡。但是,临时收储的主要目的是解决农民"卖粮难"问题,中储粮按照规定执行的收储价通常会低于市场均价,并且对粮食的质量有严格的要求,这些都在一定程度上削减了农民的收益。而且从政府角度来说,临时收储增加了粮食仓储的费用,加重了地方支农财政的压力,间接地影响了用于种粮补贴的资金比例及总量的增长,急需调整政策的实施方式。最后,2005 年国家出台的产粮大县奖励政策,虽然在一定程度上缓解了黑龙江省县乡财政困难,增强了地方政府抓粮食生产的责任感和主动性,但由于财政部在安排奖励资金时没有充分考虑黑龙江省粮食品种限制和商品粮净输出量大两个特殊因素,在一定程度上影响了国家产粮大县奖励在黑龙江省的政策效应。黑龙江省地域辽阔、种植区域特点明显，粮食品种呈较大的区域差异性，如北部市县受地理条件限制，只能种植产量较低的大豆，如对大豆按自然产量计算总产，黑龙江省进入奖补范围的大豆主产县（市）会因大豆产量低而得到较少的奖励资金，不利于调动大豆主产县（市）政府发展粮食生产的积极性。

（2）粮食风险资金不足、筹集渠道单一。粮食风险资金由国家转移支付及地方配套共同筹集，黑龙江省地方财政用于中央粮食风险基金的配套资金核定额为13.81亿元，而每年只能落实7.6亿元，每年缺口在6.2亿元左右，黑龙江省除了需承担缺口资金外，还担负着粮食老财务挂账本金、新增粮食财务挂账利息及本金的消化任务。虽然国家财政部通过了取消黑龙江省粮食风险基金地方配套的申请，但粮食风险基金的总额却并未增加。国家转移支付的产粮（油）大县奖励、超级产粮大县奖励和粮食大省奖励资金在总量规模上虽然比较大，但资金用途主要投向农业基础设施建设及农村保障体系建设，用于支付粮食补贴的资金十分有限。同时，粮食风险资金的主要来源渠道为中央政府的财政转移支付，筹集渠道单一，迫切需要开辟新的资金筹集渠道。

（3）产销区缺少利益横向协调机制。在国家出台主体功能区规划后，出于国家粮食安全的考虑，将耕地归入限制开发区范畴，并规定了18亿亩耕地红线，对粮食生产主体功能区的耕地转为工业用地的限制非常严格，在一定程度上抑制了粮食生产主体功能区工业的发展。作为商品粮输出大省，黑龙江省投入到粮食生产上的补贴随着粮食调出而转移到了粮食主销区，形成经济欠发达省份补贴经济发达省份的反常现象，致使黑龙江省在承担国家粮食安全责任、履行商品粮输出义务的同时却牺牲了自由选择主导产业和发展方向的权力。从省区间协作的角度来看，黑龙江省以发展净收益较低的粮食产业支持了广东、上海和北京等粮食主销区第二、第三产业的发展，但这些省市却较少地承担调入商品粮风险基金的筹集任务，也没有承担向粮食生产主体功能区政府补偿的转移支付任务。因此，在当前财政体制下，黑龙江省作为粮食的调出方并没有获得相应的转移支付，由于缺少有效的产销区横向利益补偿协调机制，造成了农业大省经济发展滞后的不利局面，阻碍了粮食产销区间协调可持续发展。

4.4　本章小结

本章首先介绍了黑龙江省粮食生产主体功能区的现状，将黑龙江省粮食生产主体功能区规划为"三区五带"。其次将粮食生产财政支持要素即对粮食生产主体功能区的补偿进行细化，将其归纳为利益补偿、农业生态补偿及粮食生产发展保护补偿，总结了上述三种补偿实施的现状，找出了目前在实施过程中存在的问题。通过对现状及问题的分析，为下文黑龙江省粮食生产主体功能区补偿机制的构建起到了较好的支撑作用。

5 构建黑龙江省粮食生产主体功能区补偿机制的必要性及依据分析

5.1 黑龙江省粮食生产主体功能区实施补偿机制的必要性分析

利用演化博弈分析说明根据黑龙江省粮食生产主体功能区的实际情况，构建适合其发展的补偿机制，是促进黑龙江省粮食生产主体功能区可持续发展的必然选择。从静态博弈的角度分析了粮食生产主体功能区政府与农户在补偿机制下的博弈结果，发现其不能有效反映两者的行为选择，进而从演化博弈分析的角度对博弈双方的演化路径及行为选择方向进行探讨。

5.1.1 演化博弈模型的指标设定和前提假设

（1）指标设定。设定 C_1 表示黑龙江省粮食生产主体功能区政府在传统补偿机制下对农户进行补偿时支付的补偿成本；C_2 表示黑龙江省粮食生产主体功能区政府采用补偿机制下对农户进行补偿时支付的补偿成本（$C_2 > C_1$）；N_1 表示在传统补偿机制下农户决定种粮而获得的总收益；N_2 表示农户放弃种粮而去务工所获得的收益；D 表示黑龙江省粮食生产主体功能区政府采用补偿机制后给予种粮农户的增加补偿；R 表示黑龙江省粮食生产主体功能区政府采用补偿机制时获取的来自粮食主销区的利益补偿；S 表示黑龙江省粮食生产主体功能区政府改进补偿机制带动农户种粮积极性，提高粮食产量对保障国家粮食安全所产生的社会正效益，是中央对于黑龙江省粮食生产主体功能区政府的奖励性财政补贴；P 表示农户因种粮收益未达到期望而选择务工造成粮食增量下降，影响国家粮食安全所产生的社会负效益，是中央对黑龙江省粮食生产主体功能区政府改进后的粮食补偿机制实施无效后的利益补偿削减,属于政策性惩罚。

(2) 研究假设。第一,假设在黑龙江省粮食生产主体功能区粮食补偿行为中存在两类行为主体:黑龙江省粮食生产主体功能区政府与农户,构成博弈方组合 $I = \{1, 2\}$,其中参与人 1 为黑龙江省粮食生产主体功能区政府,参与人 2 为农户,两类行为主体都是完全理性的,即均以自己期望效用最大化为前提做出决策。第二,假设在黑龙江省粮食生产主体功能区粮食补偿行为中的两类主体都存在两种行为策略,即黑龙江省粮食生产主体功能区政府的策略集为 $G_1 = \{$改进,不改进$\}$,改进是指黑龙江省粮食生产主体功能区政府采取补偿机制,从而提高补偿的水平,不改进则是指黑龙江省粮食生产主体功能区政府依然采用现有的补偿机制。农户的策略集为 $G_2 = \{$种粮,务工$\}$,一般来说,在传统补偿机制下,农户会根据家庭实际状况及从事种粮以外其他经营活动的收益来选择自身的策略行为,这里用务工代表农户其他策略行为集合。

5.1.2 政府与种粮农户之间静态博弈分析

在不考虑双方行动顺序的情况下,黑龙江省粮食生产主体功能区政府与农户博弈结果矩阵如图 5-1 所示。

<table>
<tr><td></td><td></td><td colspan="2" align="center">农户</td></tr>
<tr><td></td><td></td><td align="center">种粮</td><td align="center">务工</td></tr>
<tr><td rowspan="2">黑龙江省粮
食生产主体
功能区政府</td><td>改进</td><td align="center">$R + S - C_2,\ N_1 + D$</td><td align="center">$R - C_2 - P,\ N_2$</td></tr>
<tr><td>不改进</td><td align="center">$-C_1,\ N_1$</td><td align="center">$-C_1,\ N_2$</td></tr>
</table>

图 5-1 黑龙江省粮食生产主体功能区政府与农户完全信息静态博弈矩阵

根据博弈模型前提假设,对静态博弈条件下博弈双方收益具体情况分析如下:

(1) 当 $N_1 > N_2$ 时,农户在考虑家庭因素和收益的相对优势的情况下,将会选择种粮,黑龙江省粮食生产主体功能区政府不改进粮食补偿机制的支付成本为 C_1,改进粮食补偿机制的支付成本为 $R + S - C_2$,而 $C_2 > C_1$,若来自粮食主销区及中央财政的利益补偿($R + S$)不能弥补改进粮食补偿机制的增加支出,则政府的最优策略则为不改进;若 $R + S > C_2 - C_1$,则政府的最优策略为改进。

(2) 当 $N_1 + D < N_2$ 时,农户在考虑自身收益的情况下会选择务工,若黑龙江省粮食生产主体功能区政府不改进补偿机制,其支付成本为 C_1,若采取改进补偿机制的行为,则其支付成本为 $C_2 + P - R$,当 $R - P > C_2 - C_1$ 时,政府的最优策略为改进，若 R 不能弥补改进补偿机制所增加支付成本及因改进效果不佳造成的中央财政惩罚性利益补偿削减，政府最优策略为不改进。

因此，黑龙江省粮食生产主体功能区政府采取改进的粮食补偿机制获得利益补偿能否有效弥补因改进补偿机制而产生额外补偿支付是政府选择改进与否的关键因素，当 $R + S < C_2 - C_1$ 时，黑龙江省粮食生产主体功能区政府明显会采取保守策略，农户则会根据其所获得的收益而选择自身的行为。当 $N_1 > N_2$ 时，均衡策略为（不改进，种粮），此时粮食补偿机制的改进对农户的影响不起决定性作用，农户的理性选择是种粮；当 $N_1 < N_2$ 时，均衡策略是（不改进，务工），在这种情况下，黑龙江省粮食生产主体功能区政府和农户的选择对自身有利，但是从长期来看对国家粮食安全会产生不利的影响。如果 $R + S > C_2 - C_1$，黑龙江省粮食生产主体功能区政府则会选择改进粮食补偿机制，若 $N_1 > N_2$，或 $N_1 + D > N_2$，此时存在纯均衡策略（改进，种粮），若改进后农户获得种粮补偿依然小于务工所获得的收益，即 $N_1 + D < N_2$，不存在纯策略纳什均衡。

可以看出，存在一个混合策略纳什均衡，建立 2×2 双矩阵博弈模型，假设参与人 1 即黑龙江省粮食生产主体功能区政府改进粮食补偿机制的概率为 x（$0 \leq x \leq 1$），不改进的概率为 $1 - x$；参与人 2 即农户选择种粮的概率为 y（$0 \leq y \leq 1$），农户选择务工的概率为 $1 - y$。则此时的博弈模型如图 5 - 2 所示。

农户

		种粮（y）	务工（$1-y$）
黑龙江省粮食生产主体功能区政府	改进（x）	$R + S - C_2$, $N_1 + D$	$R - C_2 - P$, N_2
	不改进（$1-x$）	$-C_1$, N_1	$-C_1$, N_2

图 5 - 2 混合策略下粮食生产主体功能区地方政府与农户间的静态博弈模型

因此，黑龙江省粮食生产主体功能区政府的期望支付成本为：
$$E_1 = x[y(R + S - C_2) + (1 - y)(R - C_2 - P)] + (1 - x)[-C_1 y + (1 - y)$$
$$(-C_1)] = (S + P)xy + (R + C_1 - C_2 - P)x - C_1 \qquad (5 - 1)$$

对于黑龙江省粮食生产主体功能区政府来说，其支付成本相对较少，并能产生良好社会效益的条件是支付成本期望函数一阶导数等于 0，即
$$\partial E_1 / \partial x = y(S + P) + (R + C_1 - C_2 - P) = 0 \qquad (5 - 2)$$

因此，政府最优改进概率为
$$y' = (C_2 + P - C_1 - R)/(S + P) \qquad (5 - 3)$$

而黑龙江省粮食生产主体功能区农户的期望收益为：

$$E_2 = x[y(N_1 + D) + (1 - y)N_2] + (1 - x)[N_1y + (1 - y)N_2]$$
$$= Dxy + (N_1 - N_2)y + N_2 \tag{5-4}$$

对于黑龙江省粮食生产主体功能区农户来说,其获得最大收益的条件是收益期望函数一阶导数等于0,即

$$\partial E_2 / \partial y = Dx + (N_1 - N_2) = 0 \tag{5-5}$$

因此,农户获得最大收益的概率为

$$x' = (N_2 - N_1)/D \tag{5-6}$$

黑龙江省粮食生产主体功能区政府与种粮农户的混合策略纳什均衡为 (y', x')。对于黑龙江省粮食生产主体功能区政府来说,当农户种粮的概率 $y > y'$ 时,政府的最优选择为改进;当农户种粮的概率 $y = y'$ 时,政府则以 $y' = (C_2 + P - C_1 - R)/(S + P)$ 的概率改进粮食补偿机制;当 $y < y'$ 时,政府的最优选择是维持现状,不采用改进的粮食补偿机制。对于农户来说,当政府改进粮食补偿机制的概率 $x > x'$ 时,农户的最优选择是种粮;当 $x = x'$ 时,农户则以 $x' = (N_2 - N_1)/D$ 的概率选择种粮;当 $x < x'$ 时,农户则选择务工。可见,在静态博弈条件下,因受政府补偿成本、农户自身收益和外部利益补偿等因素的影响,均衡结果并不唯一,因此需要引入演化博弈模型进行更为深入的分析。

5.1.3 政府与种粮农户之间演化博弈分析

在静态条件下,政府和农户之间由于信息的对称性和双方的有限理性,可以通过纳什均衡 $[(C_2 + P - C_1 - R)/(S + P), (N_2 - N_1)/D]$ 中变量的变化不断调整自身的应对策略,但是,在黑龙江省粮食生产主体功能区粮食补偿的实际推行过程中,博弈双方信息是非对称的,各粮食生产主体功能区政府及农户的行为受诸多因素的影响,不可能实现完全的有限理性,在诸多影响因素的引导下,双方进行着不断的重复博弈,同时,在双方博弈的过程中,还会产生一定的学习强化效应,因此,静态条件下的均衡不能有效体现博弈双方的演化路径,也不能充分描述现实情况下具有动态意义的粮食生产主体功能区政府和农户的有限理性行为,需借助演化博弈分析方法对该活动进行进一步探讨。

在静态博弈分析的基础上,运用演化博弈的复制动态模型来进行分析,通过黑龙江省粮食生产主体功能区政府占优策略的实施来影响农户的选择,使其路径向既定的方向演化发展,更为准确地反映现实中粮食生产主体功能区博弈双方的决策行为。

基于静态博弈分析的前提假设,建立两总体 2×2 行演化博弈模型。通过对多总体演化博弈特点的分析可以发现,该演化博弈的演化稳定策略与渐进稳定状态具有等价性,且应为纯策略纳什均衡。假设黑龙江省粮食生产主体功能区政府

群体中选择改进补偿机制的比例为 $x(0 \leqslant x \leqslant 1)$，黑龙江省粮食生产主体功能区农户群体中选择种粮的比例为 $y(0 \leqslant y \leqslant 1)$。在黑龙江省粮食生产主体功能区政府与农户博弈的过程中，双方决策的适应性如果比群体的平均适应性高，则该决策会成为主导发展方向。

因此，该博弈下的复制子动态方程组为：

$$\begin{cases} x\& = x(1-x)\left[y(S+P) + (R+C_1-C_2-P) \right] \\ y\& = y(1-y)\left[Dx + (N_1-N_2) \right] \end{cases} \tag{5-7}$$

根据演化博弈理论，上述系统演化路径与均衡可从以下两个角度进行分析：

(1) 基于黑龙江省粮食生产主体功能区政府的演化路径分析，该情况下可从两方面进行讨论：

第一，当 $y = (C_2+P-C_1-R)/(S+P)$ 时，$x\& = 0$，对于所有的 x 概率的黑龙江省粮食生产主体功能区政府的决策选择都是稳定的，具体来说，当黑龙江省粮食生产主体功能区农户选择种粮决策的比例为 $(C_2+P-C_1-R)/(S+P)$ 时，黑龙江省粮食生产主体功能区政府采取改进与不改进粮食补偿机制的决策支付给种粮农户补偿成本是相等的，两种行为策略是无差异的。

第二，当 $y \neq (C_2+P-C_1-R)/(S+P)$ 时或当 $x=0$ 与 $x=1$ 时，均可得到 $x\& = 0$，因此 x 取这两个值时是粮食生产主体功能区政府决策选择的两个稳定状态均衡点。此时，对 y 的取值情况进行分析，如果 $y > (C_2+P-C_1-R)/(S+P)$，则 $x\& > 0$，在此情况下，粮食生产主体功能区政府选择改进的决策所投入的成本会小于群体的平均水平，因而在 $x=0$ 的稳定状态下，若在国家发展规划的引导下，国内 13 个粮食生产主体功能区政府群体中若有采取改进粮食补偿机制的决策，并产生较好的经济效益和社会效益，则采取相应决策的其他粮食生产主体功能区政府将进行效仿，相继采取改进的决策，即 $x=1$ 是复制动态下的一个演化稳定策略，也是粮食生产主体功能区政府的最优选择。如果 $y < (C_2+P-C_1-R)/(S+P)$，则 $x\& < 0$，在此情况下，粮食生产主体功能区政府选择改进的决策所投入的成本大于群体的平均成本，因而在 $x=1$ 的稳定状态下，若国内 13 个粮食生产主体功能区中的某一个采取改进决策的粮食生产主体功能区政府因投入的补偿成本过高放弃推行改进后的粮食补偿机制，并获得国家批准，那么存在相同情况的其他粮食生产主体功能区也会相继采取相同的决策，即 $x=0$ 也是复制动态下的一个演化稳定策略，但从维护国家粮食安全的角度来看，该决策行为属于保守策略，在一定程度上延缓了国家粮食安全战略的实施。

因此，$y = (C_2+P-C_1-R)/(S+P)$ 是 $x=0$ 和 $x=1$ 两类演化策略的分界点，黑龙江省粮食生产主体功能区政府粮食补偿的成本、采用补偿机制时获取的来自粮食主销区的利益补偿、中央对于改进的奖励性财政补贴和政策性的惩罚对黑龙江省粮食生产主体功能区政府改进粮食补偿机制的决策具有一定的影响。中央和粮食主销区对于实施改进粮食补偿机制的粮食生产主体功能区政府的利益补偿越大，采取改进补偿机制的粮食生产主体功能区政府投入的补偿成本相对越低，则改进决策对于黑龙江省粮食生产主体功能区政府的导向性越大；反之，若外部的利益补偿不能弥补改进后的额外补偿支付成本，那么黑龙江省粮食生产主体功能区政府将趋向于采取保守策略，继续运行传统的补偿机制。

（2）基于黑龙江省粮食生产主体功能区农户的演化路径分析，该情况下同样可从两方面进行讨论：

第一，当 $x = (N_2 - N_1)/D$ 时，$\dot{y} = 0$，对处于 y 值概率的农户选择种粮与务工的决策都是稳定的。具体来说，当黑龙江省粮食生产主体功能区政府采取改进粮食补偿机制的比例为 $(N_2 - N_1)/D$ 时，选择种粮与务工的决策农户数量是随机的。

第二，当 $x \neq (N_2 - N_1)/D$ 时或当 $y = 0$ 与 $y = 1$ 时，均可得到 $\dot{y} = 0$，因此 $y = 0$ 与 $y = 1$ 是农户选择的稳定状态。此时，对 x 的取值进行分析，若 $x > (N_2 - N_1)/D$，则 $\dot{y} > 0$，农户选择种粮的收益与群体收益的平均水平相比较，会高于群体收益的平均水平，$y = 1$ 是复制动态下的一个稳定演化策略，也是在国家倡导保障粮食安全、提高粮食生产主体功能区种粮农户收益的最优策略。具体来说，当国内主要粮食生产主体功能区政府采取改进粮食补偿机制的比例超过 $(N_2 - N_1)/D$ 时，农户因看到改进后的粮食补偿机制能够带来更大的收益，逐渐趋向选择种粮的决策，并且不会因一部分农户依然选择务工而改变自身最优决策的选择。若 $x < (N_2 - N_1)/D$，则 $\dot{y} < 0$，在此种情况下，粮食生产主体功能区农户选择种粮的收益与群体收益的平均水平相比较，会低于群体收益的平均水平，$y = 0$ 是复制动态下的一个稳定演化策略。具体来说，当粮食生产主体功能区政府采取改进的比例低于 $(N_2 - N_1)/D$ 时，农户因种粮收益低于务工收益，而趋向于选择务工。

所以，两类演化稳定策略 $y = 0$ 与 $y = 1$ 的分界点是 $x = (N_2 - N_1)/D$，黑龙江省粮食生产主体功能区农户种粮的收益与务工相比越高，农户种粮的意愿越大，则黑龙江省粮食生产主体功能区政府在采取改进决策所支付的补偿成本相对越低，并能更好地贯彻国家保障粮食安全的战略规划。

基于上述黑龙江省粮食生产主体功能区政府和农户复制动态方程的分析，博弈双方的演化复制动态关系演化路径如图 5-3 所示。

从图 5-3 可以看出，博弈双方动态演化最终趋向于哪种均衡取决于博弈初始时模型中变量的取值。如果变量初始取值在 G_1 和 G_4 区域内，则通过动态演化博弈最终的稳定状态为（不改进，务工）；如果变量的初始取值在 G_2 和 G_3 区域内，则通过演化博弈最终将稳定于（改进，种粮）的状态。显然，从保障国家粮食安全的角度来看，第二种演化方向为理想状态，即黑龙江省粮食生产主体功能区政府采取改进粮食补偿机制决策，农户则选择种粮，获得新补偿机制下的增加补偿收益，进而实现黑龙江省粮食生产主体功能区政府、种粮农户、国家三者之间策略选择的最优化，兼顾整体效益与各方利益的最大化。但是，在现实情况下，由于博弈双方的信息不对称性，农户行为决策可能并不以政府是否改进补偿机制实现补偿的增加作为关键性影响因素，农户在选择种粮与务工时具有一定的随机性，在决策时，如果农户尚未获得改进补偿机制增加的补偿或认为期望中的种粮收益没有务工收益高时，农户会趋向于选择务工来保障期望收益的可增长性，而黑龙江省粮食生产主体功能区政府因采用改进补偿机制未达到国家要求的状态，在下一年的粮食补偿中将受到中央的政策性惩罚，需通过增加地方财政支出弥补粮食补偿标准提高产生的增加成本，这种结果对于黑龙江省粮食生产主体功能区政府来说明显不利，因此政府将趋于放弃改进的粮食补偿机制，重新实行传统的补偿机制。

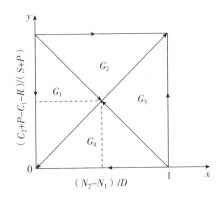

图 5-3 黑龙江省粮食生产主体功能区政府与农户演化博弈分析路径

5.1.4 演化博弈分析结论

在黑龙江省粮食生产主体功能区补偿机制实施的过程中，由于农户在信息的获取中处于劣势地位，其在未能直接感受种粮补偿的显性增长的情况下，会衡量种粮与其他行为决策的当时收益水平，选择获取收益高的经营方式。而在国内粮食生产主体功能区现阶段执行的补偿标准下，种粮的收益明显低于同等条件下种植经济作物或发展果蔬的收益，也低于务工的收益，这使得种粮农户群体的总体数量呈现递减的趋势，从保障国家粮食安全的角度来看，这种情况将会影响国家粮食供销和储备的长期稳定。因此，为保障国家粮食安全、实现黑龙江省粮食生产主体功能区粮食产量与种粮农户收益同步提高，黑龙江省粮食生产主体功能区政府必须采取有效措施促进补偿机制改进，建立适应黑龙江省粮食生产主体功能区发展的、强调补偿的动态化的补偿机制是其必然的选择。

5.2 黑龙江省粮食生产主体功能区补偿机制的作用机理

在现实的经济中，私人边际成本和私人边际收益与社会边际成本和社会边际收益存在非等同关系，当呈现市场失灵状态时，依靠自有竞争没有办法到达社会福利最大化，政府作为经济活动的第三者应当进行市场干预，采取适当的经济政策，消除市场失灵。当存在外部不经济效应时，政府应对边际私人成本小于边际社会成本的部门实行征税；当存在外部经济效应时，政府应对边际私人收益小于边际社会收益的部门进行奖励和补助，并达成外部效应的内部化。由于粮食生产具有外部性，且市场并不是万能的，会经常出现市场失灵状态，因此，政府应通过补偿等方式解决粮食生产过程中的外部性问题及市场失灵问题。

5.2.1 粮食利益补偿机制的作用机理

从微观经济学的市场需求及市场供给角度出发，对粮食利益补偿进行经济分析，并为粮食利益补偿机制提供补偿的理论依据，如图 5-4 所示。

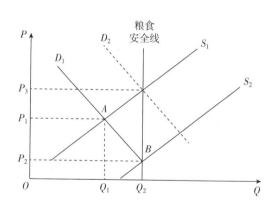

图 5-4　粮食利益补偿的经济分析

假设政府对粮食市场不进行干预的情况下，粮食需求曲线为 D_1，粮食供给曲线为 S_1，在此状态下，可以分别得出粮食市场的均衡点、均衡价格及均衡数量分别为 A、P_1、Q_1，但是所实现的粮食均衡数量 Q_1 却低于 Q_2，即无法达到国家所设定的粮食安全线，国家粮食安全供给目标将无法实现。因此，政府必须进入粮食市场，使得粮食的供给数量最低维持在 Q_2 水平，以维持国家的粮食安全。在具体的实施过程中，理论上可以通过两种途径得以实现，即将市场供给曲线 S_1 或市场需求曲线 D_1 向右平移。若移动市场需求曲线 D_1，在达到新的均衡时，粮食的价格上涨了，这与国家稳定物价水平的宏观调控政策相冲突，所以只能选择移动市场供给曲线 S_1，使其由 S_1 平移到 S_2，但是粮食的价格却下降了，粮食生产者即农民的收入也从 P_1OQ_1A 下降至 P_2OQ_2B。因此，若要调动农民种粮的积极性，保证粮食供给量，需要对粮食利益补偿客体进行利益补偿。

5.2.2 农业生态补偿机制的作用机理

农业生态补偿机制应基于生态系统服务价值。通过对传统的农业生产方式及生态保护型农业生产方式的比较可以发现（见图 5-5），未将生态系统服务价值纳入农民的生产成本中的传统农业生产方式，作为"理性经济人"的农民而言，为了追求暂时的粮食高产以获得最大化的经济收入，在农业生产过程中采取了许多具有环境污染及破坏性的措施，使得农业生态系统服务功能下降，还牺牲了整个社会的生态环境。而将生态服务价值纳入农民生产成本中的生态保护型农业，不仅可以获得传统农业生产状态下的农产品收入，还可以避免传统农业生产状态下的生态代价，而且使生态服务价值在一定程度上得以保持。但是，短期而言，由于生态保护型农业较传统农业获得收益少，采用生态保护型农业所保护下来的生态服务价值需要在农民的经济收益中得到体现，否则农民将不会采取生态保护型农业生产方式。因此，政府需要采取相应的农业生态补偿手段，使得生态保护型农业生产方式得以维持，使产品价值和生态价值均处于正向，以及整个社会的福利水平得以增加。

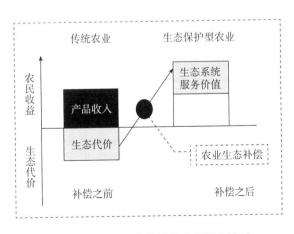

图 5-5 农业生态补偿的决策概念模型

同时，对农业生态的保护及恢复采取农业生态补偿进行人工干预，较自然状态下，能够有效缩短农业生态保护及恢复的时间，如图 5-6 所示。

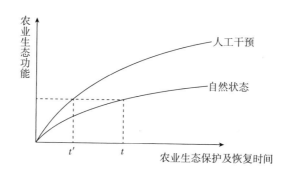

图 5-6　人工干预对农业生态保护及恢复过程的影响

5.2.3　粮食生产发展保护补偿机制的作用机理

假设每个参与者在博弈中均处于相对封闭的区域，政策环境相同并具有确定性。博弈是静态且信息完全对称的，博弈双方每次都做出相同的策略选择。博弈双方均是理性经济人，追求利益最大化。

基于上述博弈假设，作为博弈参与者，农民为理性经济人，在从事粮食生产过程中追求自身的利益最大化，因此，在无其他因素干预的情况下，不会主动参与粮食生产发展保护，如图 5-7 所示。

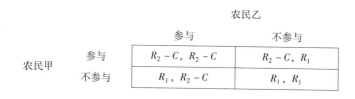

图 5-7　农民之间的博弈过程

其中：农民甲与农民乙情况相当，不参与粮食生产发展保护的总收益为 R_1，参与粮食生产发展保护的总收益为 R_2，参与粮食生产发展保护所需成本为 C，参与粮食生产发展保护后的净收益为 $R_2 - C$，其中 $R_2 > R_1$，$R_2 - C < R_1$，纳什均衡为（不参与，不参与）。

在这种情况下，政府可以通过出台相应的粮食生产发展保护补偿机制，构建新的纳什均衡。具体而言，农民不参与粮食生产发展保护的总收益为 R_1，参与粮食生产发展保护的总收益为 R_2，参与粮食生产发展保护所需成本为 C，$R_2 > R_1$，$R_2 - C < R_1$。政府通过采取粮食生产发展保护补偿机制，给予补偿为 N，同时，规章制度的制定、宣传、说服教育、新科技的普及等所需成本为 B，政府推进粮食生产发展保护补偿机制取得的成效收益为 R，且 $R = B - N$。政府与农民之间的博弈过程如图 5-8 所示。

		政府	
		给予补偿	不给予补偿
农民	参与	$R_2 + N - C,\ R - B - N$	$R_2 - C,\ 0$
	不参与	$R_1,\ -B$	$R_1,\ 0$

图 5-8　政府与农民之间的博弈过程

若 $R_1 > R_2 + N - C$，则该博弈模型存在纯策略纳什均衡，即政府不给予补偿，农民也不会主动参与粮食生产发展保护，使得粮食生产发展保护无法推行；若 $R_1 < R_2 + N - C$，则该博弈模型不存在纯策略纳什均衡，双方在各自利益最大化的原则下寻求混合策略意义上的纳什均衡点。假设政府实施粮食生产发展保护补偿机制的概率为 P_1，不实施的概率为 $1 - P_1$，即混合策略为 $(P_1, 1 - P_1)$。农民参与的概率为 P_2，不参与的概率为 $1 - P_2$，即混合策略为 $(P_2, 1 - P_2)$。

政府实施粮食生产发展保护的期望收益值 E_1 为：

$$E_1 = P_1 \times P_2 \times (R - B - N) + (1 - P_1) \times P_2 \times 0 + P_1 \times (1 - P_2) \times (-B) + (1 - P_1) \times (1 - P_2) \times 0 = P_1 \times P_2 \times R - P_1 \times P_2 \times N - BP_1 \tag{5-8}$$

政府期望收益最优的条件为：$dE_1 / dP_1 = 0$，即

$$P_2 \times R - P_2 \times N - B = 0, \quad P'_2 = B / (R - N) \tag{5-9}$$

农民参与的期望收益值 E_2 为：

$$E_2 = P_1 \times P_2 \times (R_2 + N - C) + (1 - P_1) \times P_2 \times (R_2 - C) + P_1 \times (1 - P_2) \times R_1 + (1 - P_1) \times (1 - P_2) \times R_1 = P_1 \times P_2 \times N + P_2 \times R_2 - C \times P_2 + R_1 - P_2 R_1 \tag{5-10}$$

企业期望收益最优的条件为：$dE_2 / dP_2 = 0$，即

$$P_1 \times N + R_2 - C - R_1 = 0, \quad P'_1 = (C + R_1 - R_2) / N \tag{5-11}$$

可见，(P'_1, P'_2) 是政府和农民的混合策略纳什均衡点，对应着双方的最佳行为选择。在此均衡点上，政府通过粮食生产发展保护补偿机制给予农民的补偿越多，农民积极参与粮食生产发展保护的概率越大。因此，为了使农民能够积极地参与粮食生产发展保护，政府有必要建立粮食生产发展保护补偿机制。

5.3 黑龙江省粮食生产主体功能区补偿机制的现实依据分析

5.3.1 保障国家粮食安全需要建立补偿机制

粮食生产主体功能区的粮食产量占全国粮食总产量的 75% 左右，其粮食生产及安全情况直接影响到了我国的粮食产能及粮食安全，其中粮食生产起到了重要的引擎作用。粮食生产是一个集生态环境、资源消耗为一体的粮食产品的产出过程。同时，粮食生产主体功能区补偿机制的推行是支撑党的十八大关于 2020年实现城乡居民人均收入比 2010 年翻一番目标的重要措施之一。

黑龙江省作为国家东北地区的大粮仓，在保障国家粮食安全方面发挥着重要的作用。通过完善黑龙江省粮食生产主体功能区利益补偿机制能够有效提高国家对产粮大省的农业补贴占转移性收入的比重，促进粮食生产主体功能区与主销区农民收入分配均等化，切实保证粮食增产，种粮农户增收；通过建立黑龙江省粮食生产主体功能区生态补偿机制，实现依托国家主体功能区政策的"有地可种粮"向依托粮食生产主体功能区生态补偿机制的"有地会种粮"的转变，通过对粮食生产主体功能区生态环境的补偿切实守住我国耕地红线，实现黑龙江省粮食生产主体功能区农业的可持续发展；通过建立黑龙江省粮食生产主体功能区粮食生产发展保护补偿机制，能够将粮食补偿与粮食价格等因素联结在一起，充分发挥粮食补偿对粮食价格的调控作用。在一定程度上能够规避市场风险和自然灾害风险所导致的粮食价格波动对黑龙江省种粮农户收益的不利影响，也能够逐步实施反周期补贴政策，在对黑龙江省主要粮食作物目标价格、补贴率、补贴产量和补贴面积进行全面调研的基础上确定合理的区间标准，当粮食价格低于目标价格时，启动反周期补贴政策，保障种粮农户收益。

5.3.2 促进地区经济增长需要建立补偿机制

2013 年黑龙江省粮食产量居全国第一位，但地方生产总值却下降至全国第十七位，粮食大省的背后是经济发展的严重滞后，黑龙江省粮食生产在保障国家粮食安全的同时也成为了经济发展的短板。因此，必须建立黑龙江省粮食生产主体功能区补偿机制，通过补偿机制的运作弥补发展第一产业对地方财政贡献的缺口，通过外部利益补偿改变黑龙江省用于粮食补偿的财政支出结构，增大地方财政用于经济建设的支出比例，促进地方经济的发展，改变黑龙江省经济发展相对缓慢的现状。

借助补偿机制的运行平台，黑龙江省可以与粮食主销区建立互助共赢模式，实现粮食主销区对黑龙江省粮食生产主体功能区的反哺，促进黑龙江省地区经济增长。黑龙江省粮食生产主体功能区与粮食主销区建立的互助共赢模式可以以价格为基础建立针对黑龙江省的主销区粮食补偿基金。根据主销区每年粮食的净调入量，综合考虑各种外部因素，按照国家核定的补偿标准，形成一次或多次转移支付基金，提高黑龙江省粮食补偿资金的总量，进而支持农业基础设施建设，改变地方财政支出结构，缓解粮食生产主体功能区粮食生产和地方经济发展的矛盾。目前，黑龙江省已与上海市签订了政府间《粮食产销合作协议》，推进了分别承担粮食生产主体功能区和主销区角色的地区间粮食补偿双向驱动机制，通过两个地区间的资源调配，既保证了上海市粮食资源供给的稳定，也带动了黑龙江省财政收入的提高，促进了地区经济的发展，为两个地区间的长效互助机制的推进提供了良好的开端。

同时，补偿机制中的农业生态补偿机制能够减轻黑龙江省粮食生产主体功能区的历史负担，促使其走向良性循环发展轨道。生态补偿所遵循的是"谁开发、谁保护，谁受益、谁补偿"的原则，能够实现粮食生产的可持续发展。通过建立黑龙江省粮食生产主体功能区的生态补偿政策，制定减少甚至免除黑龙江省粮食生产主体功能区在粮食财务方面的亏损等优惠政策，能够有效转变"产粮越多、亏损挂账越多"的现象，保证黑龙江省粮食生产的持续稳定发展，促使黑龙江省粮食生产主体功能区实现低消耗、高产出的良性生态发展道路。

5.3.3 实现对粮食生产外部性的合理补偿需要建立补偿机制

粮食作为一种特殊的商品，使得粮食生产具有经济功能、社会功能和生态功能，粮食生产具有明显的正外部性特征。具体表现在粮食生产具有经济正外部性、社会正外部性及生态环境正外部性。

首先，粮食生产具有经济正外部性。由于粮食是人们生活的必需品，能够满足人们最基本的物质生活需要，且具有一定的使用价值，使得粮食生产具有经济功能。然而，粮食生产所得产品往往是质优价廉的，因此，粮食生产在保障人们基本粮食需求的情况下，却没有得到应得的全部利益，造成很多收益的流失，形成了一定的经济正外部性。其次，粮食生产具有社会正外部性。在社会发展的过程中，粮食生产在保障社会稳定性方面发挥着重要作用，为社会的和谐发展提供了利环境，粮食生产能够有效地缓解就业压力，增加农民收益，并为社会保障做出贡献。然而，其他产业的发展对农业生产造成了不同程度的制约，增大了农业生产成本,增加了粮食生产主体功能区的生态环境成本。如工业污染使粮食生产环境遭到了破坏,农民为了进行粮食生产,不得不对生产环境进行改善,农民承担了本不应该承担的用于改善粮食生产环境的成本。最后,粮食生产具有生态环境正外部性。粮食生产能够对自然生态环境起到保护作用,同时粮食生产具有一定生态景观功能,但粮食生产者却未获得任何利益方面补偿。

因此,应建立粮食生产主体功能区补偿机制,政府通过调控和市场配置,给予资金上的支持,实现粮食生产正外部性内部化补偿,从根本上提高经济收益,增强抗风险能力,缓解政府财政压力。

5.3.4 粮食供求的特殊性需要建立补偿机制

理论上而言,粮食供求及粮食均衡价格的形成仅受市场供求关系的影响。当粮食价格上涨时,理性的粮食生产者会大幅度增加粮食的供应量,而粮食价格的上涨在一定程度上会减少消费者对粮食的需求量,导致粮食供过于求,使得粮食出现降价压力,粮食生产者将会减少粮食的供应量,随着消费者对粮食需求量的增加,粮食的供求及均衡价格将恢复平衡。同理,当粮食价格下降时,粮食的供求及均衡价格也会出现短暂的波动,最后使粮食的供求及均衡价格恢复平衡。

然而,粮食作为人们生活的必需品,具有准公共产品的性质,使得粮食的供求具有特殊性,粮食生产经常面临市场机制的失灵,时常出现粮食供给减少、价格飞涨、粮食丰收、价格下跌,农民的利益受到严重的损害等现象。因此,粮食供求不能仅仅依靠市场的力量进行调节,政府必须采取行之有效的措施对粮食生产进行扶植,建立粮食生产主体功能区补偿机制,在一定程度上对用于调节粮食供求平衡的社会付出进行弥补,从根本上解决粮食生产过程中的市场机制失灵。

5.4 本章小结

本章对构建黑龙江省粮食生产主体功能区补偿机制进行了理论分析。通过对黑龙江省粮食生产主体功能区补偿机制的演化博弈分析,说明了构建补偿机制的必要性,并分别论述了构成补偿机制的粮食利益补偿机制、农业生态保护补偿机制及粮食生产发展保护补偿机制的作用机理,进而从现实依据出发提出为保障国家粮食安全、促进地区经济增长、实现粮食生产外部性的合理补偿及适应粮食供给的特殊性应建立补偿机制。

6 影响黑龙江省粮食生产主体功能区补偿机制的因素分析

基于第5章对黑龙江省粮食生产主体功能区实施补偿机制的必要性、作用机理及现实依据的分析，结合第4章对现行补偿政策的阐述和分析，本章拟通过探讨影响黑龙江省粮食生产主体功能区补偿机制的因素及各因素的影响程度，为补偿机制的构建提供参考性意见，即对实现补偿机制目标影响程度较大的因素应给予重点考虑和侧重，影响程度较小的因素则进行剔除或改进。同时，由于受到客观统计数据的限制，因此在对影响粮食利益补偿机制、农业生态补偿机制及粮食生产发展保护补偿机制的因素分析过程中分别采用了经济计量模型、结构方程模型及灰色关联度模型。

6.1 影响粮食利益补偿机制的因素分析

黑龙江省粮食生产主体功能区主要通过数量型补贴、技术进步型补贴两种形式来实现粮食利益补偿。其中，数量型补贴包括粮食直接补贴和农资综合补贴两部分，技术进步型补贴包括良种补贴和农机具购置补贴两种重要形式。为了对影响粮食利益补偿机制的因素进行分析，将在上文研究的基础上通过回归模型研究不同类型的补贴对黑龙江省粮食生产主体功能区的粮食产量和农民收入的影响程度。

粮食利益补偿包括粮食直接补贴、农资综合补贴、良种补贴及农机具购置补贴。其中，粮食直补资金（ZBZJ）指的是对农民的直接补贴，通过直接增加种粮农户收益的方式，使种粮农户的积极性得到大幅度提高，进而促使农户增加种粮要素的投入，实现粮食产量的增长。农资综合补贴（NZBT）指的是通过弥补种粮农民因柴油、化肥、农药等农业生产资料价格上涨而增加的支出，从而稳定种粮成本，保证农民的种粮收益，提升农民的种粮积极性，保障粮食产量。良种补贴（LZBT）是对推广使用育种新成果进行补贴，实现对农作物种植品种的全面引导，以种植良种的方式实现农民收入增加及粮食产量的提高。农机具购置补贴（NJBT）指的是对农业机械使用过程进行补贴，该补贴能够提高种粮农户的耕种机械化水平，改善耕地墒情和种收效率，提升粮食生产效率，进而提高粮食产量。

6.1.1 粮食利益补偿对粮食总产量影响的实证分析

（1）指标设计与数据来源。在实证研究过程中采用计量经济学的分析方法，按照以下四个步骤进行——提出假说、选取变量、建立模型、得出结论。为了考查各个影响因素指标对黑龙江省粮食总产量（TP）的影响，本书利用前期研究计算得出的 2004~2012 年的黑龙江省粮食直补资金总额（ZBZJ）、农资综合补贴（NZBT）、良种补贴（LZBT）、农机具购置补贴（NJBT）等指标与黑龙江省粮食总产量（TP）建立回归模型来考查各影响因子与黑龙江省粮食总产量是否存在长期稳定关系，进一步考察各影响因子对黑龙江省粮食总产量的影响程度。回归模型中的解释变量主要有：黑龙江省粮食直补资金（ZBZJ）、农资综合补贴（NZBT）、良种补贴（LZBT）、农机具购置补贴（NJBT）和粮食直补政策实施补贴面积（ZBMJ）五个指标。

采用时间序列数据进行分析，样本期选取时间为 2004~2012 年，检验结果强调的是黑龙江省粮食总产量与黑龙江省粮食直接补贴资金、农资综合补贴、良种补贴和农机具购置补贴等指标之间的相关关系。在实证分析所采用的时间序列中，各个时间序列数据已在第 3 章研究中计算得出，具体数据如表 6-1 所示。

表 6-1　黑龙江省粮食总产量与粮食利益补偿政策实施情况

年份	粮食总产量（万吨）	粮食直接补贴资金（亿元）	农资综合补贴（亿元）	良种补贴（亿元）	农机具购置补贴（亿元）	粮食直补政策实施补贴面积（万亩）
2004	3135	18.52	10.54	2.56	1.32	14273.89
2005	3600	19.28	10.68	2.78	1.64	14863.36
2006	3780	22.97	12.78	3.73	1.77	16236.33
2007	3965.5	22.92	26.74	4.11	2.71	16218.51
2008	4225	23.08	69.95	6.33	8.28	16217.61
2009	4353	22.98	69.88	9.41	13.5	16208.72
2010	5012.8	22.97	69.86	17.50	17.7	16200

续表

年份	粮食总产量（万吨）	粮食直接补贴资金（亿元）	农资综合补贴（亿元）	良种补贴（亿元）	农机具购置补贴（亿元）	粮食直补政策实施补贴面积（万亩）
2011	5570.6	24.68	79.67	17.73	19.05	17689
2012	5761.5	24.83	99.88	18.00	26.66	17691

资料来源：根据《黑龙江省统计年鉴》和《中国农村统计年鉴》数据整理得出。

（2）模型构建。假设黑龙江省粮食总产量与黑龙江省粮食直接补贴、农资综合补贴、良种补贴和农机具购置补贴等指标之间存在相关关系，以黑龙江省粮食总产量（TP）为研究指标，选取黑龙江省粮食直补资金（ZBZJ）、农资综合补贴（NZBT）、良种补贴（LZBT）、农机具购置补贴（NJBT）和粮食直补政策实施补贴面积（ZBMJ）等指标作为影响因子，建立基本计量模型，检验黑龙江省粮食总产量指标与各个影响因子之间的关系，基本函数表达式为：

$$TP_t = \alpha_0 + \alpha_1 ZBZJ_t + \alpha_2 NZBT_t + \alpha_3 LZBT_t + \alpha_4 NJBT_t + \alpha_5 ZBMJ_t + \xi_t \qquad (6-1)$$

其中，TP_t 表示第 t 期黑龙江省粮食总产量；α_0 为常数项；$ZBZJ_t$ 表示第 t 期黑龙江省粮食直补资金；$NZBT_t$ 表示第 t 期黑龙江省农资综合补贴；$LZBT_t$ 表示第 t 期黑龙江省良种补贴；$NJBT_t$ 表示第 t 期黑龙江省农机具购置补贴；$ZBMJ_t$ 表示第 t 期黑龙江省粮食直补政策实施补贴面积；ξ_t 为随机误差项。

可以发现，等式两侧各个指标均为绝对数值，在使用 EViews6.0 进行回归分析前，为了消除异方差，体现时间序列本身的规律，需对各个指标进行对数处理，处理后的函数表达式为：

$$\ln(TP_t) = \alpha_0 + \alpha_1 \ln(ZBZJ_t) + \alpha_2 \ln(NZBT_t) + \alpha_3 \ln(LZBT_t) + \alpha_4 \ln(NJBT_t) + \alpha_5 \ln(ZBMJ_t) + \xi_t \qquad (6-2)$$

（3）协整检验。由于多数时间序列数据并非平稳序列，利用不平稳的时间序列数据进行回归分析并不能得出有效的结果。因此，为保证回归分析的有效性，在对经济变量的时间序列做出研究说明前，首先进行数据的平稳性检验。本书运用 ADF 单位根检验，即利用 Augmented Dickey-Fuller 对变量的时间序列的平稳性进行检验，检验结果如表 6-2 所示。

表6-2 黑龙江省粮食总产量与各个影响因子单位根检验结果

变量	检验类型（C，T，t）	ADF 检验统计值	临界值			结论
			1%	5%	10%	
$\ln(ZBZJ)$	(C, N, 0)	1.604708	-2.886101	-1.995865	-1.599088	非平稳

续表

变量	检验类型 （C，T，t）	ADF 检验 统计值	临界值			结论
			1%	5%	10%	
Δln（ZBZJ）	（C，N，1）	- 5.167522	- 3.007406	- 2.021193	- 1.597291	平稳
ln（NZBT）	（C，N，0）	1.774153	- 2.886101	- 1.995865	- 1.599088	非平稳
Δln（NZBT）	（C，N，1）	- 2.577323	- 3.109582	- 2.043968	- 1.597318	平稳
ln（LZBT）	（C，N，0）	2.315376	- 2.886101	- 1.995865	- 1.599088	非平稳
Δln（LZBT）	（C，N，0）	- 3.709341	- 3.007406	- 2.021193	- 1.597291	平稳
ln（NJBT）	（C，N，0）	1.892941	- 2.886101	- 1.995865	- 1.599088	非平稳
Δln（NJBT）	（C，N，1）	- 2.425723	- 3.007406	- 2.021193	- 1.597291	平稳
ln（ZBMJ）	（C，N，0）	1.865750	- 2.886101	- 1.995865	- 1.599088	非平稳
Δln（ZBMJ）	（C，N，1）	- 4.051094	- 3.007406	- 2.021193	- 1.597291	平稳
ln（TC）	（C，N，0）	4.649420	- 2.847250	- 1.988198	- 1.600140	非平稳
Δln（TC）	（C，N，1）	- 2.382563	- 3.109582	- 2.043968	- 1.597318	平稳

注：在检验类型中，C 表示常数项，T 表示趋势项，t 表示最优滞后期，N 表示无趋势项，t 的选择是根据 SIC 原则。

对表6-2分析可知，黑龙江省粮食总产量指标和各个影响因子指标均为非平稳数列，但是经过一阶差分之后，黑龙江省粮食总产量（TP）、黑龙江省粮食直补资金（ZBZJ）、农资综合补贴（NZBT）、良种补贴（LZBT）、农机具购置补贴（NJBT）和粮食直补政策实施补贴面积（ZBMJ）等指标均可在1%显著水平下通过平稳性检验，经过差分之后的数列都为一阶单整时间序列，利用数据分析可以得到有效结论。

（4）影响因子回归分析。根据表6-2所得数据进行回归计算，可进一步研究黑龙江省粮食总产量指标和各个影响因子指标之间的关系，得到的回归结果如表6-3所示。

表6-3　黑龙江省粮食总产量与各影响因子之间回归分析

Variable	Coefficient	Std. Error	t-Statistic	Prob.
C	- 12.74574	7.332130	- 1.738340	0.1805
Log（ZBZJ）	- 0.963036	0.706229	- 1.363631	0.2660
Log（NZBT）	0.006186	0.109894	0.056295	0.9586
Log（LZBT）	0.147170	0.116025	1.268431	0.2941

续表

Variable	Coefficient	Std. Error	t-Statistic	Prob.
Log（NJBT）	0.007175	0.138710	0.051729	0.9620
Log（ZBMJ）	2.454767	0.949434	2.585507	0.0814
R-squared	0.987035	Mean dependent var	8.365922	
Adjusted R-squared	0.965426	S. D. dependent var	0.203470	
S. E. of regression	0.037833	Akaike info criterion	−3.476534	
Sum squared resid	0.004294	Schwarz criterion	−3.345051	
Log likelihood	21.64440	Hannan-Quinn criter.	−3.760274	
F-statistic	45.67767	Durbin-Watson stat	3.141311	
Prob.（F-statistic）		0.004954		

资料来源：以上数据由 EViews6.0 得出。

通过对表 6 − 3 的分析，可得出回归方程式：

$$\begin{aligned}\text{Log}(TP) = &-12.7457365796 - 0.963035850751 \times \text{Log}(ZBZJ) +\\ &0.00618646994008 \times \text{Log}(NZBT) + 0.14716954749 \times \text{Log}(LZBT) +\\ &0.00717530390096 \times \text{Log}(NJBT) + 2.45476702045 \times \text{Log}(ZBMJ)\end{aligned}$$

$$(6-3)$$

在回归分析的基础上，进一步对模型残差进行研究，回归结果的残差分析如表 6 − 4 所示。

表 6 − 4　回归结果的残差分析

年份	Actual	Fitted	Residual
2004	8.05038	8.08097	−0.03058
2005	8.18869	8.15535	0.03334
2006	8.23748	8.24850	−0.01102
2007	8.28539	8.26981	0.01558
2008	8.34877	8.34050	0.00828
2009	8.37862	8.40518	−0.02656
2010	8.51975	8.49753	0.02222
2011	8.62526	8.64749	−0.02223
2012	8.65895	8.64797	0.01098

资料来源：以上数据由 EViews6.0 得出。

表6-5 残差序列单位根检验结果

		t-Statistic	Prob. *
Augmented Dickey-Fuller test statistic		-7.884014	0.0033
Test critical values	1% level	-4.582648	
	5% level	-3.320969	
	10% level	-2.801384	

资料来源：以上数据由 EViews6.0 得出。

由表6-5可知，残差序列的 ADF 单位根检验结果为 -7.884014，表明残差序列在 1% 的显著性水平下通过平稳性检验，所以黑龙江省粮食直补资金（ZBZJ）、农资综合补贴（NZBT）、良种补贴（LZBT）、农机具购置补贴（NJBT）、粮食直补政策实施补贴面积（ZBMJ）等指标与黑龙江省粮食总产量（TP）指标之间存在协整关系，即各个影响因子与黑龙江省粮食总产量（TP）指标之间存在着长期稳定的均衡关系。

6.1.2 粮食利益补偿对农民收入影响的实证分析

黑龙江省粮食生产主体功能区粮食利益补偿的有效实施可以降低农民生产成本、稳定粮食价格，在保障粮食产量的同时提升黑龙江省农民收入。依据第3章研究数据，2003~2013年黑龙江省粮食产量与农民收入各年度数据如图6-1所示。

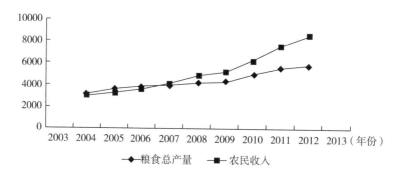

图6-1 黑龙江省粮食总产量与农民收入关系

在图6-1中可以较为直观地看出，2003~2013年，黑龙江省粮食总产量与农民收入之间体现出相近的变化趋势，二者之间可能存在正相关关系。因此，可以通过经济计量模型，进一步分析各影响因子对黑龙江省农民收入的影响程度。

（1）指标设计与数据来源。为保障研究的一致性，模型选取黑龙江省农民收入（Income）为研究指标，粮食直补资金（ZBZJ）、农资综合补贴（NZBT）、良种补贴（LZBT）、农机具购置补贴（NJBT）等指标作为影响因子，建立回归模型来考查各影响因子与黑龙江省农民收入是否存在长期稳定关系，进一步考察各影响因子对黑龙江省农民收入的影响程度，数据来源如表6-1所示。

（2）模型构建。假设黑龙江省农民收入与黑龙江省粮食直接补贴、农资综合补贴、良种补贴和农机具购置补贴等指标之间存在相关关系，以黑龙江省农民收入（Income）为研究指标，选取黑龙江省粮食直补资金（ZBZJ）、农资综合补贴（NZBT）、良种补贴（LZBT）、农机具购置补贴（NJBT）等指标作为影响因子，建立基本计量模型，检验农民收入指标与各个影响因子之间的关系，基本函数表达式为：

$$Income_t = \alpha_0 + \alpha_1 ZBZJ_t + \alpha_2 NZBT_t + \alpha_3 LZBT_t + \alpha_4 NJBT_t + \xi_t \tag{6-4}$$

其中，$Income_t$ 表示第 t 期黑龙江省农民收入；α_0 为常数项；$ZBZJ_t$ 表示第 t 期黑龙江省粮食直补资金总额；$NZBT_t$ 表示第 t 期黑龙江省农资综合补贴；$LZBT_t$ 表示第 t 期黑龙江省良种补贴；$NJBT_t$ 表示第 t 期黑龙江省农机具购置补贴；ξ_t 为随机误差项。

对等式两端各个指标进行对数处理，处理之后的函数表达式为：

$$\ln(Income_t) = \alpha_0 + \alpha_1 \ln(ZBZJ_t) + \alpha_2 \ln(NZBT_t) + \alpha_3 \ln(LZBT_t) +$$
$$\alpha_4 \ln(NJBT_t) + \xi_t \tag{6-5}$$

（3）协整检验。黑龙江省农民收入与各个影响因子平稳性检验结果如表6-6所示。

表6-6 黑龙江省农民收入与各个影响因子单位根检验结果

变量	检验类型 (C, T, t)	ADF 检验 统计值	临界值			结论
			t%	5%	10%	
ln (ZBZJ)	(C, N, 0)	1.604708	−2.886101	−1.995865	−1.599088	非平稳
Δln (ZBZJ)	(C, N, 1)	−5.167522	−3.007406	−2.021193	−1.597291	平稳
ln (NZBT)	(C, N, 0)	1.774153	−2.886101	−1.995865	−1.599088	非平稳
Δln (NZBT)	(C, N, 1)	−2.577323	−3.109582	−2.043968	−1.597318	平稳
ln (LZBT)	(C, N, 0)	2.315376	−2.886101	−1.995865	−1.599088	非平稳
Δln (LZBT)	(C, N, 1)	−3.709341	−3.007406	−2.021193	−1.597291	平稳
ln (NJBT)	(C, N, 0)	1.892941	−2.886101	−1.995865	−1.599088	非平稳
Δln (NJBT)	(C, N, 1)	−2.425723	−3.007406	−2.021193	−1.597291	平稳
ln (Income)	(C, N, 0)	7.939875	−2.886101	−1.995865	−1.599088	非平稳
Δln (Income)	(C, N, 1)	−3.700012	−3.109582	−2.043968	−1.597318	平稳

注：在检验类型中，C 表示常数项，T 表示趋势项，t 表示最优滞后期，N 表示无趋势项，t 的选择是根据 SIC 原则。

分析表6-6可知，经过一阶差分之后，黑龙江省农民收入（Income）、黑龙江省粮食直补资金（ZBZJ）、农资综合补贴（NZBT）、良种补贴（LZBT）、农机具购置补贴（NJBT）等指标均可在1%显著水平下通过平稳性检验，经过差分之后的数列都为一阶单整时间序列，利用数据分析可以得到有效结论。

（4）影响因子回归分析。根据表6-6所得数据进行回归计算，可进一步研究黑龙江省粮食总产量指标和各个影响因子指标之间的关系，得到的回归结果如表6-7所示。

表6-7　黑龙江省农民收入与各影响因子之间回归分析

Variable	Coefficient	Std. Error	t - Statistic	Prob.
C	5. 692856	1. 904727	2. 988804	0. 0404
Log（ZBZJ）	0. 769868	0. 781899	0. 984613	0. 3806
Log（NZBT）	- 0. 081866	0. 275602	- 0. 297045	0. 7812
Log（LZBT）	0. 177761	0. 321893	0. 552237	0. 6102
Log（NJBT）	0. 194382	0. 363771	0. 534353	0. 6214
R-squared	0. 959798	Mean dependent var	8. 484650	
Adjusted R - squared	0. 919597	S. D. dependent var	0. 373255	
S. E. of regression	0. 105838	Akaike info criterion	- 1. 353628	
Sum squared resid	0. 044807	Schwarz criterion	- 1. 244059	
Log likelihood	11. 09133	Hannan-Quinn criter.	- 1. 590078	
F-statistic	23. 87458	Durbin-Watson stat	1. 291320	
Prob.（F-statistic）	0. 004719			

资料来源：以上数据由 EViews6.0 得出。

通过对表6-7的分析，可得出回归方程式：

$$\text{Log}(Income) = 5.69285566872 + 0.769868463421 \times \text{Log}(ZBZJ) - 0.0818661670432 \times$$
$$\text{Log}(NZBT) + 0.177761239912 \times \text{Log}(LZBT) + 0.194382035916 \times$$
$$\text{Log}(NJBT)$$

$$(6-6)$$

在回归分析的基础上，进一步对模型残差进行研究，回归结果的残差分析如表6-8所示。

表6-8　回归结果的残差分析

年份	Actual	Fitted	Residual
2004	8. 00807	7. 96824	0. 03982
2005	8. 07751	8. 05497	0. 02254

年份	Actual	Fitted	Residual
2006	8.17541	8.24218	− 0.06677
2007	8.32659	8.28011	0.04648
2008	8.48791	8.50061	− 0.01270
2009	8.55770	8.66285	− 0.10515
2010	8.73403	8.82548	− 0.09145
2011	8.93468	8.88661	0.04807
2012	9.05996	8.94079	0.11917

资料来源：以上数据由 EViews6.0 得出。

表 6 – 9　残差序列单位根检验结果

		t-Statistic	Prob. *
Augmented Dickey-Fuller test statistic		− 3.461361	0.0033
Test critical values	1% level	− 3.007406	
	5% level	− 2.021193	
	10% level	− 1.597291	

资料来源：以上数据由 EViews6.0 得出。

由表 6 – 9 可知，残差序列的 ADF 单位根检验结果为 − 3.461361，表明残差序列在 1% 的显著性水平下通过平稳性检验，所以黑龙江省粮食直补资金（ZBZJ）、农资综合补贴（NZBT）、良种补贴（LZBT）、农机具购置补贴（NJBT）等指标与黑龙江省农民收入（Income）指标之间存在协整关系，即各个影响因子与黑龙江省农民收入（Income）之间存在着长期稳定的均衡关系。

6.1.3　结果分析

基于粮食利益补偿对粮食总产量影响及农民收入影响的实证分析，可以得出以下结果：①通过粮食利益补偿对粮食产量影响的实证分析可以看出，粮食直补资金、农资综合补贴、良种补贴、农机具购置补贴和粮食直补政策实施补贴面积等指标对黑龙江省粮食总产量影响作用非常明显，模型拟合优度达到了 98.70%。其中，农资综合补贴、良种补贴、农机具购置补贴及粮食直补政策实施补贴面积指标均对黑龙江省粮食总产量有正向的促进作用，影响程度由强到弱依次为粮食直补政策实施补贴面积、良种补贴、农机具购置补贴及农资综合补贴，而粮食直补资金对黑龙江省粮食总产量存在一定程度的抑制作用。②通过粮食利益补偿对农民收入影响的实证分析可以看出，粮食直补资金、农资综合补贴、良种补贴、农机具购置补贴等指标对黑龙江省农民收入影响作用非常明显，模型拟合优度达到了95.98％。其中，粮食直补资金、良种补贴、农机具购置补贴指标均对黑龙江省农民收入有正向的促进作用，影响程度由强到弱依次为粮食直补资金、农机具购置补贴和良种补贴，而农资综合补贴对黑龙江省农民收入存在一定程度的抑制作用。

基于粮食利益补偿对粮食产量影响及农民收入影响的实证分析结果，在黑龙江省粮食生产主体功能区补偿机制构建过程中可以得出以下几点启示：

（1）虽然粮食直补资金呈逐年上升趋势，但是粮食直补资金对黑龙江省粮食总产量存在一定程度的抑制作用，同时，农资综合补贴对农民收入也存在一定程度的抑制作用，即粮食直补资金和农资综合补贴的发放并没有达到有效促进粮食增产和农民增收的目的。因此，应根据实际情况，充分考虑通货膨胀率、农产品价格指数、生产成本上升等因素制定合理的粮食直补资金和农资综合补贴补偿标准和补偿额度，以此改变粮食直补资金和农资综合补贴成为常态化收入的状态。

（2）良种补贴与农机具购置补贴对农民收入、粮食产量均有正向促进的作用，在补偿机制的构建过程中应保留良种补贴及农机具购置补贴，并根据实际情况调整补偿的额度。同时，为了有效推广良种的使用，应对良种补贴进行改革，可以考虑将用于农技推广等相关费用纳入良种补贴中，加大良种的推广和使用力度。

6.2 影响农业生态补偿机制的因素分析

为了探索农业生态补偿机制支持农田水利建设、农业资源及环境保护、绿色农业对黑龙江省粮食生产主体功能区农业可持续发展的影响，基于第3章农业生态补偿现状及拟构建的农业生态补偿政策，采用结构方程模型方法，运用AMOS 17.0对模型的合理性进行验证，研究各因素对农业可持续发展的作用路径、影响程度及作用效果。

6.2.1 结构方程模型的基本原理

结构方程模型（Structural Equation Model，SEM）能够对各种因果模型进行识别、估计和检验，可充分缩小测量误差，同时处理多个因变量及复杂数据，检验总体模型拟合度，可以通过探讨变量之间的因果关系来揭示客观事物发展和变化的规律，也可以通过分析观测变量之间的关系来研究难以量化的潜变量之间的关系，从而达到解决实际问题的目的，是应用线性方程系统对行为科学及社会科学领域进行量化研究的一种重要的统计方法。

结构方程模型由随机变量（观察变量、潜在变量及误差变量）、非随机变量及结构参数组成。其中，隶属于随机变量的观察变量是能够被量化及被测量得到的，潜在变量需要由观察变量进行构建并加以解释说明；非随机变量尽管在重复随机抽样状态下依然保持不变；结构参数描述了观察变量之间的相互关系。因此，结构方程模型是由测量模型和结构模型两个基本模型构成。

（1）测量模型。测量模型由潜在变量和作为潜在变量的指标变量的观察变量组成，具体关系如下：

$$X = \Lambda_X x \xi + \delta \tag{6-7}$$

$$Y = \Lambda_Y \eta + \varepsilon \tag{6-8}$$

其中，ε 与 η、δ 与 ξ 无相关性，而 ε 和 δ 为指标变量的测量误差，ξ 与 η 分别为外衍潜在变量与内衍潜在变量。Λ_X 与 Λ_Y 为指标变量（X、Y）的因素负荷量，表示潜在变量与观察变量之间的关系。

（2）结构模型。结构模型是指潜在变量间因果关系的说明，其方程表达式如下：

$$\eta = B\eta + \Gamma\xi + \zeta \tag{6-9}$$

其中，B 为内生潜变量之间的相互影响效应系数，Γ 为外生潜变量对内生潜变量的影响效应系数，也称为外生潜变量对内生潜变量影响的路径系数，ξ 与 ζ 为残差向量，二者无相关存在。

6.2.2 结构方程模型的基本假设

本书结合已有研究成果和相关理论，构建了黑龙江省粮食生产主体功能区农业可持续发展影响因素模型。模型中包含 4 个潜变量，具体为农业可持续发展、农田水利设施建设、农业资源和环境保护及绿色农业。其中，农田水利设施建设主要包括增加农田水利设施建设资金投入、水库库容量及机电井数以及提高有效灌溉面积，通过农业生态补偿机制对农田水利设施建设的支持将有效节约农业用水量，对实现农业可持续发展有积极促进作用；农业资源和环境保护主要包括退耕还林情况、盐碱地及水土流失治理情况、堤防建设情况及农业废弃物的治理情况，农业生态补偿机制支持退耕还林、盐碱地及水土流失治理、堤防建设及农业废弃物治理的力度越大，对实现农业可持续发展的促进作用越明显；绿色农业包括绿色粮食产品产量、农村清洁能源开发与利用投入及农业科技推广投入，农业生态补偿机制的补偿政策向绿色农业的倾斜力度越大，越能促进农业可持续发展的实现。

基于以上分析，本书提出如下假设：

H1：农业生态补偿机制支持农田水利设施建设对农业可持续发展有显著正向影响。

H2：农业生态补偿机制支持农业资源和环境保护对农业可持续发展有显著正向影响。

H3：农业生态补偿机制支持绿色农业对农业可持续发展有显著正向影响。

其中，农田水利设施建设的具体衡量指标包括水库数量、水库库容量、机电井数、有效灌溉面积及农田水利设施资金投入；农业资源和环境保护的具体衡量指标包括盐碱地治理面积、堤防防护面积、治理水土流失面积及白色塑料地膜治理率；绿色农业的具体衡量指标包括绿色粮食产品产量、农村清洁能源开发与利用投入、农业科技推广投入；农业可持续发展的衡量指标包括粮食产量、农业产业增加值和农民收入。农业可持续发展实证分析的基本假设如表6－10所示。

表6－10　农业可持续发展实证分析的研究假设

假设维度	假设内容
农田水利设施建设	农业生态补偿机制支持农田水利设施建设对农业可持续发展有显著正向影响
农业资源和环境保护	农业生态补偿机制支持农业资源和环境保护对农业可持续发展有显著正向影响
绿色农业	农业生态补偿机制支持绿色农业对农业可持续发展有显著正向影响

6.2.3　结构方程模型的构建

农业可持续发展影响因素概念模型如图6－2所示。

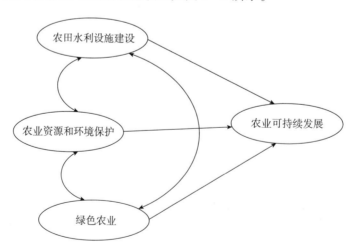

图6－2　农业可持续发展影响因素概念模型

模型中所需的各变量指标如表6－11所示。

表 6-11　模型变量指标体系的描述

变量类型	变量名称	变量类型	代码	变量名称
外生潜变量	农田水利设施建设	观测变量	V1	水库数量
			V2	水库库容量
			V3	机电井数
			V4	有效灌溉面积
			V5	农田水利设施资金投入
	农业资源和环境保护	观测变量	V6	盐碱地治理面积
			V7	堤防防护面积
			V8	治理水土流失面积
			V9	白色塑料地膜治理率
	绿色农业	观测变量	V10	绿色粮食产品产量
			V11	农村清洁能源开发与利用投入
			V12	农业科技推广投入
内生潜变量	农业可持续发展	观测变量	V13	粮食产量
			V14	农业产业增加值
			V15	农民收入

　　根据以上研究假设、农业可持续发展影响因素概念模型及模型变量指标体系，构建农业可持续发展影响因素结构方程模型路径，如图 6-3 所示。

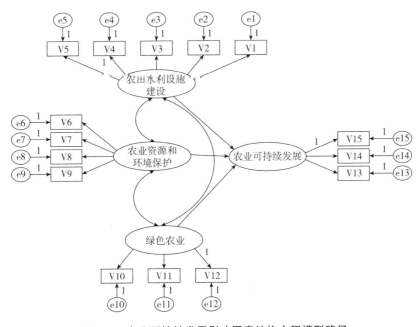

图 6-3　农业可持续发展影响因素结构方程模型路径

6.2.4 实证分析

（1）数据来源。通过采取发放调查问卷的方式，完成所需数据的搜集。

第一，调查问卷设计前的专家访谈。为了使所设计的调查问卷能够有较强的说服力，且具有较好的信度和效度，提高社会价值，寻找了解农业生态补偿政策及农业可持续发展相关政策的专家进行交流是设计调查问卷前的重要环节之一。通过与黑龙江省财政厅、黑龙江省农业委员会、汤原县农业委员会、红兴隆管理局、东北林业大学等专家和学者进行交流，并参考现有的文献资料，确定在农业生态补偿机制可以达到的范围内影响黑龙江省农业可持续发展的要素。

第二，调查问卷的设计。通过与相关人员的交流及参考文献资料，最终将农业可持续发展确定为外生潜变量，并将农业生态补偿机制能够支持的农田水利设施建设、农业资源和环境保护及绿色农业确定为内生潜变量。调查问卷将测量量表（见表6-12）与李克特的七级量表法相结合，通过从"完全不同意"到"完全同意"分为1~7的不同档次，衡量受访者对不同观测变量的认可程度或满意程度。

第三，调查问卷的发放与回收。调查问卷的发放过程主要采取了现场发放、电话访问及邮件调查形式。主要发放方向有：黑龙江省财政厅、黑龙江省农业委员会、汤原县农业委员会、红兴隆管理局等具体制定及执行粮食补偿政策的政府部门；财政部财政科学研究所从事本方面研究的科研人员；东北林业大学、东北农业大学从事本方面研究的大学教授；处于粮食生产主体功能区的农民。本次调研发出问卷500份，四部分调查主体所占份额分别为20%、30%、10%、40%。最终共回收调查问卷377份，剔除存在信息填写不全、数据丢失等问题的调查问卷，可用的有效问卷共325份。

表6-12　变量测量量表

变量	代码	测量题项
农田水利设施建设 A_1	V1	水库数量逐年增加
	V2	水库库容量显著提升
	V3	机电井数逐年增加
	V4	有效灌溉面积显著扩大
	V5	农田水利设施资金投入明显增加
农业资源和环境保护 B_1	V6	盐碱地治理力度不断增强
	V7	堤防防护面积稳中有升
	V8	治理水土流失力度不断增强

续表

变量	代码	测量题项
农业资源和环境保护 B_1	V9	白色塑料地膜治理率不断提高
绿色农业 C_1	V10	绿色粮食产品产量不断增加
	V11	农村清洁能源开发与利用投入不断增加
	V12	农业科技推广投入不断增加
农业可持续发展 D_1	V13	粮食产量逐年增加
	V14	农业产业增加值不断提升
	V15	农民收入水平不断提升

（2）信度检验和效度分析。在进行信度检验和效度分析之前，分析通过调查问卷所采集的样本数据是否符合结构方程模型要求。本书采用极大似然法（ML），由于最终收回有效调查问卷为 325 份，符合结构方程模型运行要求，因此可以采用 AMOS 17.0 软件对数据进行分析。在运用 AMOS 17.0 软件对数据进行分析之前，运用 SPSS 16.0 软件对 325 个样本的 15 个题项进行信度检验和效度分析。

信度检验主要是测量数据之间的一致性和稳定性程度。由于在调查问卷的填写过程中没有对受访者进行重复测量，因此，本书的信度检验为对测量数据之间的一致性程度检验，即考察各题项是否测量了相同的内容及模型是否准确地反映了现实情况。

效度分析分为内容效度分析和结构效度分析。其中，内容效度分析主要考察测量目标与测量题项之间的符合性，结构效度分析主要验证各题项结构的合理性。在内容效度分析方面，本调查问卷是从不同的角度出发考察同一测量指标，在题项设计的过程中尽量避免了重复性，同时采纳了相关专家及参考文献的意见，因此具有一定的内容效度。在结构效度分析方面，采用因子分析加以验证。观测变量的信度检验和效度分析结构如表 6－13 所示。

表6－13 各变量信度和效度

变量	对应题项	因子荷载值	Cronbach's 系数
农田水利设施建设 A_1	V1	0.762	0.832
	V2	0.801	
	V3	0.767	
	V4	0.814	
	V5	0.896	

续表

变量	对应题项	因子荷载值	Cronbach's 系数
农业资源和环境保护 B_1	V6	0.781	0.818
	V7	0.802	
	V8	0.772	
	V9	0.825	
绿色农业 C_1	V10	0.860	0.825
	V11	0.884	
	V12	0.720	
农业可持续发展 D_1	V13	0.730	0.802
	V14	0.818	
	V15	0.642	

从分析的结果可以看出，因子荷载值均在 0.63 以上，Cronbach's 系数均在 0.8 以上，表明研究数据较为合理且具有较高的可靠性。

（3）模型路径分析。运用 AMOS 17.0 软件，选取极大似然法，对模型路径进行分析，模型路径分析结果如表 6-14 所示。

表 6-14　路径系数与假设检验

对应假设	变量间的关系	P	路径系数	检验结果
H1	农业生态补偿机制支持农田水利设施建设→农业可持续发展	***	0.740	支持
H2	农业生态补偿机制支持农业资源和环境保护→农业可持续发展	***	0.304	支持
H3	农业生态补偿机制支持绿色农业→农业可持续发展	***	0.660	支持

注：*** 表示在 $P < 0.001$ 的水平上具有统计显著性。

同时，实证结果显示，拟合指标都在可接受的区间范围内，模型具有较好的拟合优度，因此，用于检验本书提出的理论假设所得结果是可信的。具体指标如下：

$$\frac{\chi^2}{df} = 1.707，\ RMR = 0.037，\ RMSEA = 0.047，\ GFI = 0.964，\ AGFI = 0.817，$$

$$NFI = 0.970，\ CFI = 0.934$$

6.2.5 结果分析

在农田水利设施建设与农业可持续发展的关系中，路径系数的标准化估计值为0.740，表明农业生态补偿机制支持农田水利设施建设水平每提高1个标准单位，农业可持续发展水平可以增加0.740个标准单位；在农业资源和环境保护与农业可持续发展的关系中，路径系数的标准化估计值为0.304，表明农业生态补偿机制支持农业资源和环境保护程度每提高1个标准单位，农业可持续发展水平增加0.304个标准单位；在绿色农业与农业可持续发展的关系中，路径系数的标准化估计值为0.660，表明农业生态补偿机制支持绿色农业力度每提高1个标准单位，农业可持续发展水平增加0.660个标准单位。

通过分析可以看出，农田水利设施建设、农业资源和环境保护及绿色农业与农业可持续发展均呈正相关关系，并对农业可持续发展均有显著的影响。其中，农田水利设施建设影响最大，绿色农业影响较大，农业资源和环境保护影响较小。

基于影响农业生态补偿机制因素的实证分析，在黑龙江省粮食生产主体功能区补偿机制的构建过程中可以得到以下几点启示：农田水利设施建设在农业可持续发展的实现过程中起到了十分重要的作用，因此，在维持现有农田水利设施建设的基础上，继续加大农业生态补偿资金的投入力度，特别是在机电井建设和扩大有效灌溉面积方面；绿色农业在农业可持续发展的实现过程中起到了积极的作用，因此，应将用于绿色农业发展的绿色投资、农村清洁能源开发与利用投入及农业科技推广投入纳入到新构建的农业生态补偿机制中，可以作为间接补偿的形式存在，并设定合理的补偿标准，促进绿色农业的发展；作为支持农业资源和环境保护的盐碱地治理、堤防防护、水土流失治理及农田塑料地膜治理应在新构建的农业生态补偿机制中得以保持，并可通过调整补偿标准等手段，提高农业生态补偿资金的运用效率和效果。

6.3 影响粮食生产发展保护补偿机制的因素分析

为了进一步考察粮食生产发展保护补偿机制的各个因素对补偿机制目标的影响程度，利用前期研究收集的相关数据，运用灰色关联度分析方法对各影响因素与目标因素之间的关联程度进行分析。

6.3.1 灰色关联度分析方法原理及步骤

关联度是表示两个事物的关联程度，定量地描述了因素之间相对变化的情况。灰色关联度分析是系统态势的量化比较分析，其实质就是比较若干数列所构成的曲线列与理想数列所构成的曲线几何形状的接近程度，几何程度越接近，其关联度越大。具体步骤如下：

记消除量纲的一个序列为 $\{\hat{X}^{(0)}(t)\}$，另一个序列为 $\{X^{(0)}(t)\}$，如果两个序列处在同一时刻，k 的值分别记为 $\{\hat{X}^{(0)}(k)\}$、$\{X^{(0)}(k)\}$。即

$$\hat{X}^{(0)}(k) = \{\hat{X}^{(0)}(1), \hat{X}^{(0)}(2), \cdots, \hat{X}^{(0)}(n)\}, \quad \hat{X}^{(0)}(k) = \{X^{(0)}(1), X^{(0)}(2), \cdots, X^{(0)}(n)\}$$

则关联系数定义为：

$$\eta(k) = \frac{\min\min|\hat{X}^{(0)}(k) - X^{(0)}(k)| + \rho\max\max|\hat{X}^{(0)}(k) - X^{(0)}(k)|}{|\hat{X}^{(0)}(k) - X^{(0)}(k)| + \rho\max\max|\hat{X}^{(0)}(k) - X^{(0)}(k)|}$$

其中：

（1）$|\hat{X}^{(0)}(k) - X^{(0)}(k)|$ 为第 k 个点 $X^{(0)}$ 与 $\hat{X}^{(0)}$ 的绝对误差。

（2）$\min\min|\hat{X}^{(0)}(k) - X^{(0)}(k)|$ 为两级最小差。

（3）$\max\max|\hat{X}^{(0)}(k) - X^{(0)}(k)|$ 为两级最大差。

（4）ρ 称为分辨率，$0 < \rho < 1$，一般取 $\rho = 0.5$。

（5）对单位不一、初值不同的序列，在计算相关系数前进行初始化，即将该序列所有数据分别除以第一个数据。则关联度表示为：$r = \frac{1}{n}\sum_{k=1}^{n}\eta(k)$，$r$ 称为 $\hat{X}^{(0)}(k)$ 与 $X^{(0)}(k)$ 的关联度。

6.3.2 实证分析

（1）建立影响粮食生产发展保护补偿机制因素的指标体系。根据黑龙江省粮食生产发展保护补偿的现实情况，充分考虑已有的研究和拟构建的粮食生产发展保护补偿机制所需的政策，在严格遵循全面性原则、可操作性原则、独立性原则、系统性原则和可比性原则的前提下，从粮食最低收购价、粮食临时收储价、粮食生产财政、金融、保险支持以及粮食产销区互助等方面选取影响粮食生产发展保护补偿机制的因素指标，同时，由于粮食生产发展保护补偿机制能够起到支撑粮食利益补偿机制及农业生态补偿机制的作用，因此，选用粮食综合生产能力和种粮农民纯收入为参考变量，作为粮食生产发展保护补偿机制的目标因子，具体如表 6 - 15 所示。

表6-15 影响粮食生产发展保护补偿机制因素的指标体系

序号	指标选取的方向	选取的指标	指标的内涵
1	最低收购价	白小麦最低收购价	国家在粮食生产主体功能区白小麦、粳稻市场价格低于预期时，为保障种粮农民的利益所设定的最低收购价，本书指的是黑龙江省粮食生产主体功能区白小麦、粳稻的最低收购价
2		粳稻最低收购价	
3	临时收储	玉米临时收储价格	国家基于购销市场调控和切实保护农民利益的目的，设定四种粮食作物临时收储价格，本书指的是黑龙江省列入收储范围内的玉米、大豆的临时收储价格
4		大豆临时收储价格	
5	粮食产业发展补偿财政、金融、保险支持	粮食风险基金支付率	黑龙江省年度内粮食风险基金实际支付金额占粮食风险基金包干总额的比例
6		产粮（油）大县奖励资金总额	国家为鼓励粮食生产主体功能区的发展而实施的常规产粮（油）大县奖励、超级产粮大县奖励和超级产粮大省奖励等转移性支付资金奖励，本书面向的是黑龙江省
7		农业保险保费	黑龙江省内涉及农业保险业务的保险机构年末保费收入总额
8		农业保险赔付	黑龙江省内涉及农业保险业务的保险机构年末面向投保的农民及农业合作组织赔付的补偿金总额
9	粮食产销区互助	互助建设投资额	与黑龙江省建立粮食购销战略协作关系的主销区支持黑龙江省粮食生产发展的投资额，因受统计数据来源的限制，本书以粮食会扣招商引资额替代
10		商品粮购销合同（协议）交易量	黑龙江省与粮食主销区签订的商品粮购销合同（协议）的年末总交易量
11	目标变量——粮食综合生产能力	国家粮食单产	粮食综合生产能力指的是在一定时期内，在现实经济技术条件下可以达到的稳定粮食产出能力，是粮食生产主体功能区产出能力的体现，而不是对产量的实际要求，本书以国家粮食单产作为替代
12	目标变量——种粮农民纯收入	农民纯收入	黑龙江省内的农民当年获取的家庭经营收入、工资性收入等各项收入的总额

（2）影响粮食生产发展保护补偿机制的因素与粮食综合生产能力灰色关联度分析。

一是确定指标的数据列。根据建立的指标体系，通过对《黑龙江省统计年鉴》、《中国粮食年鉴》、《中国农村统计年鉴》、黑龙江省粮食局网站和黑龙江省财政厅文件等整理得到分析的数据，如表 6-16 所示。

表 6-16 影响粮食生产发展保护补偿机制因素的指标数据值

指标	年份			
	2009	2010	2011	2012
X_1（元/斤）	0.87	0.90	0.95	1.02
X_2（元/斤）	0.95	1.05	1.28	1.40
X_3（元/斤）	0.74	0.89	0.98	1.05
X_4（元/斤）	1.87	1.90	2.25	2.30
X_5（%）	69.5	72.8	79.7	94.6
X_6（亿元）	25.34	26.47	27.26	39.34
X_7（亿元）	1.082	1.540	2.361	6.12
X_8（万吨）	919.40	965.70	1091.30	1189.00
X_9（万元）	129176	139893	164073	221590
X_{10}（万元）	106393	82376	48571	109937
M_1（公斤/公顷）	4870.6	4973.6	5165.9	5301.8
M_2（元）	5206.8	6210.7	7590.7	8603.8

注：2011 年的大豆临时收储价是按照市场均价确定的。

资料来源：根据《黑龙江省统计年鉴》（2009～2013）、《中国粮食统计年鉴》（2009～2013）等整理所得。

二是指标规范化处理。因所选取指标的数据单位不统一，需要对指标数据进行规范化处理，得到无量纲化的数据，便于数据的处理。根据分析对象的特点，本书规范化处理采用极大值和极小值数据转换方法。

极大值转换：

$$x_{ij} = X_{ij}/\max X_j$$

极小值转换：

$$x_{ij} = 1 + \min X_j/\max X_j - X_{ij}/\max X_j$$

其中，x_{ij} 为标准型数据，X_{ij} 为原始数据，$\max X_j$ 为第 j 项指标的最大值，$\min X_j$ 为第 j 项指标的最小值。

针对不同的目标变量，各影响因素指标的处理方式略有不同，以粮食综合生产能力的替代指标国家粮食单产为例，规范化处理后得到的指标值如表 6 – 17 所示。

表 6 – 17　规范化处理后的指标值

指标	年份			
	2009	2010	2011	2012
X_1	1.0000	0.9706	0.9216	0.8529
X_2	1.0000	0.9286	0.7643	0.6786
X_3	1.0000	0.8571	0.7714	0.7048
X_4	1.0000	0.9870	0.8348	0.8130
X_5	0.7347	0.7696	0.8425	1.0000
X_6	0.6441	0.6729	0.6929	1.0000
X_7	0.1768	0.2516	0.3858	1.0000
X_8	0.7733	0.8122	0.9178	1.0000
X_9	0.5830	0.6313	0.7404	1.0000
X_{10}	0.4740	0.6925	1.0000	0.4418
M_1	0.9187	0.9381	0.9744	1.0000

三是灰色关联度的计算。根据灰色关联度系数的计算公式，计算各指标与目标列的两级最小差与两级最大差，具体如表 6 – 18 所示。

表 6 – 18　两级最大级差和最小级差值

级差计算公式	级差值			
min min | x_m （j） $-x_i$ （j） |	0.0000	0.0095	0.0038	0.0000
max max | x_m （j） $-x_i$ （j） |	0.8232	0.7354	0.6142	0.5582

根据灰色关联度计算各指标与目标变量之间的关联度系数，ρ 取值为 0.5，计算各指标的灰色关联度结果，如表 6 – 19 所示。

表 6 – 19　相关影响因素与粮食综合生产能力的灰色关联度

指标	关联度	指标	关联度	指标	关联度	指标	关联度	指标	关联度
X_1	0.8241	X_2	0.7252	X_3	0.6928	X_4	0.7588	X_5	0.7757
X_6	0.8810	X_7	0.5154	X_8	0.8395	X_9	0.8712	X_{10}	0.5009

（3）影响粮食生产发展保护补偿机制的因素与农民纯收入灰色关联度分析。由于在计算影响粮食生产发展保护补偿机制的因素与农民纯收入灰色关联度分析过程中，所用指标体系与探讨影响粮食生产发展保护补偿机制的因素与粮食综合生产能力灰色关联度时一致，因此根据上文计算步骤可得相关影响因素与农民纯收入灰色关联度，如表6-20所示。

表6-20   相关影响因素与农民纯收入的灰色关联度

指标	关联度	指标	关联度	指标	关联度	指标	关联度	指标	关联度
X_1	0.8022	X_2	0.9331	X_3	0.8616	X_4	0.8085	X_5	0.8931
X_6	0.8652	X_7	0.5806	X_8	0.8611	X_9	0.5907	X_{10}	0.8441

6.3.3   结果分析

根据灰色优势理论，一般将关联度大于0.9的指标（一级精度）作为关键指标，但在实际分析中，关联度大于0.8的指标（二级精度）也可作为关键指标。从表6-21中可以看出，小麦（白小麦）最低收购价、水稻（粳稻）最低收购价、玉米临时收储价、大豆临时收储价、粮食风险基金支付率、产粮（油）大县奖励资金总额、农业保险赔付、商品粮购销合同（协议）交易量与种粮农民纯收入的关联度均在0.8以上的水平，同时，与粮食综合生产能力的关联度在0.8以上的指标有小麦（白小麦）最低收购价、产粮（油）大县奖励资金总额、农业保险赔付和粮交会招商引资额。即除农业保险保费与两个目标变量的关联度水平均低于0.7外，其余各因素至少与目标变量之一的关联度在0.8以上，因此除农业保险保费外其余指标是构建粮食生产发展保护补偿机制的关键因素。

表6-21   相关影响因素关联度汇总

序号	指标选取的方向	选取的指标	与粮食综合生产能力的关联度	与种粮农民纯收入的关联度
1	最低收购价	白小麦最低收购价	0.8241	0.8022
2		粳稻最低收购价	0.7252	0.9331
3	临时收储	玉米临时收储价	0.6928	0.8616
4		大豆临时收储价	0.7588	0.8085
5	粮食生产发展补偿财政、金融、保险支持	粮食风险基金支付率	0.7757	0.8931
6		产粮（油）大县奖励资金总额	0.8810	0.8652
7		农业保险保费	0.5154	0.5806
8		农业保险赔付	0.8395	0.8611

续表

序号	指标选取的方向	选取的指标	与粮食综合生产能力的关联度	与种粮农民纯收入的关联度
9	粮食产销区互助	粮交会招商引资额	0.8712	0.5907
10		商品粮购销合同（协议）交易量	0.5009	0.8441

基于影响粮食生产发展保护补偿机制因素的实证分析，在黑龙江省粮食生产主体功能区补偿机制的构建过程中可以得到以下几点启示：①在粮食购销调控方面，现行的粮食最低收购价、粮食临时收储价虽与种粮农民纯收入的关联度较为明显，关联度均在0.8以上，是影响粮食生产发展保护补偿机制的关键因素，但在补偿效果方面却成效不佳，并且长期推行会对国家粮食市场的运行造成不利的影响，也增加了国家的财政负担，分流了国家财政可用于粮食直接补偿及支持农业基础设施建设的资金池储量。因此，可以将现有的粮食最低收购价和粮食临时收储价逐步过渡到粮食目标价格，充分发挥市场的决定性作用，并在不干扰市场运行的前提下，充分考虑粮食产品的特殊属性进行宏观调控，针对种粮农民进行收益损失补偿。②在粮食生产发展补偿财政、金融、保险支持方面，其中，产粮（油）大县奖励资金总额、农业保险赔付与粮食综合生产能力和种粮农民纯收入的关联度均在0.8以上，粮食风险基金支付率与种粮农民纯收入的关联度也在0.8以上，是影响粮食生产发展补偿机制的关键因素，这说明相关的财政、金融、保险政策对促进粮食生产发展起到了较为积极的作用。因此，应提高用于支付粮食生产奖励的资金额，促进资金的落实到位，保障粮食生产的抗风险能力。应积极拓展粮食保险的种类，完善粮食巨灾保险，配合目标价格新增目标价格保险，并对种粮农户参保的费用及保险机构进行补贴，提高保险机构的赔付力度。同时，完善支农贷款的放贷、担保和利息补贴体系建设。应从国家、地方财政部门，地方金融、保险机构两个层面的补偿主体出发，结合粮食利益补偿机制中涉及的与黑龙江省相关联的粮食主销区的专项转移支付基金，增加以粮食风险基金包干额为主、以其他转移支付资金为支撑的粮食利益补偿基金的资金池蓄量上限，支持为实现粮食增产、农民增收双重目的的增量支出。③在粮食产销区互助方面，粮交会招商引资额与粮食综合生产能力的关联度在0.8以上，商品粮购销合同（协议）交易量与种粮农民纯收入的关联度在0.8以上，因此，应在当前合作水平的基础上，通过与各关联粮食主销区建立稳定的购销合作关系，促进黑龙江省商品粮市场的稳定运行，依托于国家粮食生产管理部门的宏观调控，引导粮食主销区以粮食产业投资的方式进行反哺，从而深化战略合作深度，不断完善产销区互助机制。

6.4　本章小结

　　本章通过运用经济计量模型、结构方程模型及灰色关联度模型分别探讨了影响粮食利益补偿机制、农业生态补偿机制及粮食生产发展保护补偿机制的因素，并深入研究了各因素的影响程度，为黑龙江省粮食生产主体功能区补偿机制的构建提供了依据。

7 黑龙江省粮食生产主体
功能区补偿机制的构建

7.1 补偿机制的目标定位

黑龙江省粮食生产主体功能区补偿机制的目标可分为短期目标和长期目标，并应将短期目标与长期目标进行有机结合。在短期内，补偿机制的实施主要是为了实现粮食总产量的持续稳定增长、种粮农民收入实质性提高；而从长期来看，则是在短期目标的基础上实现黑龙江省粮食生产的可持续发展，提升地区经济发展水平，促进社会和谐稳定，保障国家粮食安全。

（1）提升粮食综合生产能力，确保粮食增产，保障粮食安全。黑龙江省粮食总产量的连续增产使得粮食生产主体功能区耕地的承载能力、财政支农资金额度等各方面的压力不断增加，同时，从经济学角度出发，由于边际收益递减规律存在，在黑龙江省粮食连续增产的情况下，伴随产量增加而付出的成本会在某一节点后大幅增加，导致投入产出比偏向失衡。因此，粮食生产主体功能区补偿机制在能够保证粮食增产的基础上，应转向提高粮食综合生产能力，即不仅要考虑粮食的总产量，而且要考虑现实经济技术条件下可以达到的稳定的粮食产出能力，进一步保障国家粮食安全。

（2）促进区域经济发展，带动农民增收。作为粮食生产的主体，黑龙江省粮食生产主体功能区内种粮农民的积极性对维持粮食产量稳定增长、保障国家粮食安全有着重要的影响。因此，促进区域经济发展，并同步带动农民增收是实施补偿机制的重要目标，通过大幅增加补偿资金池的蓄量，推动农业合作社的进程，平衡粮食生产与粮食调入的利益分配，进而实现粮食增产、地方财政增加、种粮农户增收及区域经济增长的整体预期。

（3）建立稳定的粮食可持续生产格局，实现农业可持续发展。通过建立补偿机制，形成黑龙江省粮食可持续生产格局，建设以松嫩平原、三江平原和中部山区等粮食生产主体功能区为主体的优质粳稻产业带、专用玉米产业带和高油高蛋白大豆产业带。同时，通过建立补偿机制，强化生态农业建设，实现农业可持续发展。

（4）实现黑龙江省粮食生产的现实矛盾的有效协调。目前，黑龙江省粮食生产主体功能区在粮食生产过程中普遍存在着五类矛盾，即粮食增产与农民增收的矛盾，粮食现代化与土地"碎片化"经营权承包的矛盾，粮食基础设施建设滞后与粮食现代化持续发展的需要的矛盾，粮食产出与财政收入失衡的矛盾，粮食部门的宏观调控职能与管理手段不匹配的矛盾，建立补偿机制可以有效地协调上述五类矛盾。

7.2 补偿机制的基本原则

（1）政府主导及多方参与的原则。政府作为公共产品最有效率的供给者，现行粮食产销格局的制度设计者及公共利益的代表者，应该在补偿机制的构建中发挥主导作用。同时，黑龙江省粮食生产主体功能区不仅要满足自身的粮食需求，而且要保证粮食的商品化水平，保证对粮食主销区的供给，稳定国家粮食供给市场需求，维护国家粮食安全，因此，应将包括主销区、消费者、企业和社会组织在内的多个市场主体引入到补偿体系中，使其在获取黑龙江省粮食生产外部性福利的同时根据所获得的优惠履行相应的补偿义务。

（2）兼顾效率与公平的原则。补偿机制的建立能够实现对粮食生产主体功能区补偿效率的有效提升。由于黑龙江省三大粮食生产主体功能区所种植的粮食作物在播种面积和总量产出方面均存在着明显的差异，因此，在补偿机制提高补偿效率的同时，还应该根据黑龙江省内各粮食生产市、县及农垦系统下属农场中农民的实际情况，按照当期粮食的市场价格和主要粮食作物产量，平衡好各粮食生产主体功能区的补偿标准和规模差异水平，并做到在实施补偿过程中效率优先、兼顾公平。

（3）需要和现实相结合的原则。建立补偿机制既要体现粮食增产、农民增收、区域经济发展及农业生态建设的发展方向，又要充分考虑国家和黑龙江省的经济承载能力，在充分考虑现实情况的基础上，使设定的补偿的基本内容切实可行。

7.3 补偿机制的框架

7.3.1 补偿机制的总体框架

为了切实保障国家粮食安全，并在实现黑龙江省粮食总产量增加、种粮农户收益和地区经济总量同步提高的同时保证粮食生产主体功能区可持续发展能力，黑龙江省应结合粮食生产主体功能区的规划建立和实施补偿机制，补偿机制总体框架如图7-1所示。

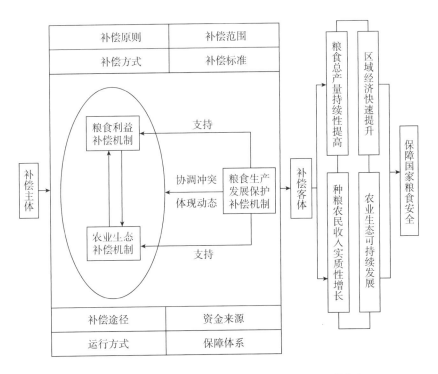

图7-1 黑龙江省粮食生产主体功能区补偿机制总体框架

与黑龙江省现行的粮食补偿政策相比，补偿机制的主要特点是在综合考量各相关要素的基础上，建立既相互独立又相互作用的粮食利益补偿机制、农业生态补偿机制和粮食生产发展保护补偿机制。其中，粮食利益补偿机制和农业生态补偿机制虽然长期目标是一致的，但在短期内可能存在冲突，粮食生产发展保护补偿机制的建立不仅可以间接地为粮食利益补偿机制和农业生态补偿机制提供支持，而且还可以通过促进粮食产业化、规模化经营，提高粮食综合生产能力的方式，有效地协调粮食利益补偿机制和农业生态补偿机制所产生的冲突，以此形成一个立体的补偿体系。

7.3.2 粮食利益补偿机制的基本框架

基于上文对粮食利益补偿现状的阐述和分析，可以看出，设立融合粮食直接补贴和农资综合补贴，整合良种补贴和农机具购置补贴的粮食利益补偿基金可以成为提高种粮农民转移性收入的主要渠道，也成为有效控制种粮农民生产成本的最主要方式。

因此，在粮食利益补偿机制的构建过程中，通过吸纳来自于中央政府的财政补贴、粮食主销区的转移支付补偿及社会捐赠，将原有的"四补"融合为一体形成新的粮食利益补偿基金。粮食利益补偿基金由融合了粮食直接补贴和农资综合补贴的粮食直补资金，以及为种粮农户提供优惠价格的良种及农业机械的种粮成本间接补贴资金构成。同时，综合考虑种粮成本、物价上涨、其他活动收益等因素确定补偿方式、补偿标准和补偿范围，直接针对实际的补偿客体进行补偿，粮食利益补偿机制的基本框架如图7-2所示。

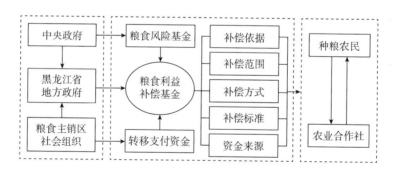

图7-2 粮食利益补偿机制基本框架

7.3.3 农业生态补偿机制的基本框架

黑龙江省粮食生产主体功能区通过建立农业生态补偿机制，可以实现农业生态环境维持目标及农业生态环境改善目标。农业生态环境维持目标为短期目标，通过采取休耕、保护耕作等合理的农业生产方式，防止黑土层的流失及农业生态的退化；农业生态环境改善目标为中长期目标，依托化肥减施等生态补偿项目，提升农业可持续发展能力，切实保证粮食产量，保障国家的粮食、农产品及生态安全。

农业生态补偿机制的建立是实现黑龙江省农业生产可持续发展的必然选择，只有协调"发展"与"保护"、"效率"与"公平"之间的关系，才能实现农业生态资本的保值增值。因此，在遵循黑龙江省粮食生产主体功能区补偿机制总目标及总原则的基础上，分析使农业生态补偿机制能够顺利运行的相关要素。具体包括：由谁提供补偿（补偿主体），应该补偿给谁（补偿客体），为什么要提供补偿（补偿依据），什么样的情况可以得到补偿（补偿范围），如何进行补偿（补偿途径、补偿方式、补偿支付模式），应该补偿多少（补偿标准），补偿资金来源，农业生态补偿机制的基本框架如图 7 - 3 所示。

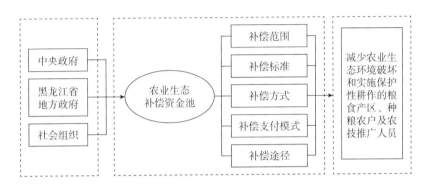

图 7 - 3　农业生态补偿机制基本框架

7.3.4　粮食生产发展保护补偿机制的基本框架

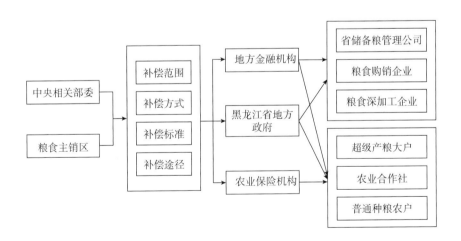

图 7 - 4　粮食生产发展保护补偿机制基本框架

粮食生产发展保护补偿机制应能够促进粮食生产、规模化经营，提高粮食综合生产能力，为粮食利益补偿机制和农业生态补偿机制提供支持政策，有效协调粮食利益补偿机制和农业生态补偿机制之间的冲突，以及有效处理国家、黑龙江省地方政府、粮食主销区地方政府、种粮农户、农业合作社、商品粮市场等各方关系，成为粮食生产主体功能区补偿机制运行的支撑平台，粮食生产发展保护补偿机制基本框架如图 7-4 所示。

7.4 粮食利益补偿机制的构建

7.4.1 补偿主体和客体

（1）补偿主体。在粮食利益补偿机制中，可以认为能够为粮食利益补偿提供补偿资金的即为补偿主体。对于黑龙江省粮食生产主体功能区而言，粮食利益补偿机制的补偿主体包括中央政府、黑龙江省地方政府、各关联粮食主销区及社会组织。①中央政府。中央政府虽然不是黑龙江省粮食生产正外部性的直接受益者，但作为国家宏观调控的主导者应成为粮食利益补偿的第一主体。只有中央政府成为粮食利益补偿的主体，才能有效实现补偿效率的最大化，并使粮食生产社会效益和粮食安全保障效益的支付成本得以保证。②黑龙江省地方政府。作为区域内各粮食生产主体功能区的直接负责人，黑龙江省地方政府应为粮食利益补偿机制的执行主体，提供财政支农的配套资金、合理分配各项补偿资金比例等。③各关联粮食主销区。作为黑龙江省粮食生产的直接受益者，粮食主销区有义务承担粮食生产的成本，并通过财政横向转移支付，成为粮食利益补偿机制的主体。④社会组织。社会组织通过合法的运作方式募集资金，从社会公益性资金支持的角度充实粮食利益补偿基金池，提供粮食利益补偿所需资金，成为补偿主体。

（2）补偿客体。粮食利益补偿机制的补偿客体即为直接参与了保障国家粮食安全，承担了粮食生产成本、自然灾害和粮食市场价格管控等造成的直接损失的个人或组织。因此，对于黑龙江省粮食生产主体功能区而言，补偿客体包括种粮农民、农业合作社及黑龙江省粮食生产主体功能区市、县政府，且主要以农民及农业合作社为主。

7.4.2 补偿范围

补偿的范围以 2011 年黑龙江省财政厅联合黑龙江省农委对黑龙江省耕地性

质及享受补贴的面积为依据。其中，融合了粮食直接补贴和农资综合补贴的粮食直补资金面向黑龙江省内的实际粮食生产者，良种补贴则以农技推广的受众为指向对象，农机具购置补贴以国家政策引导为依据，面向纳入实施范围并符合补贴条件的农民、农场（林场）职工、农民合作社和从事农机作业的农业生产经营组织。

7.4.3　补偿方式

粮食利益补偿方式的选择直接关系着黑龙江省种粮农民所得补偿收益的增长速度和幅度，因此，以粮食利益补偿基金为核心，利益补偿方式主要表现为将粮食补偿资金直接发放到种粮农户手中的粮食直补资金、为种粮农户提供优惠价格的良种及农业机械的种粮成本间接补贴资金。

（1）粮食直补资金。依托于中央政府的专项财政补贴和粮食主销区的转移支付基金形成面向黑龙江省的粮食补偿专项资金，将粮食直补资金和农资综合补贴资金合并为粮食直补资金。通过将黑龙江省内粮食生产者种粮面积和商品粮产出量结合起来实现累进补贴的方式，规避单一补偿依据所出现的补偿不到位问题。粮食直补资金的累进补偿以黑龙江省内种粮农民的实际播种面积为基础，根据当年出售粮食数量的水平设定不同的补偿标准，进而实现促进粮食增产和农民增收的双重目标。

（2）种粮成本间接补贴资金。该补贴是对良种补贴及农机具购置补贴的整合，并逐渐面向农业合作社，通过明显降低各类型农机具的购置费用和以良种推广为平台的优良种子的价格，减少黑龙江省粮食生产主体功能区种粮农民的直接支出。

7.4.4　补偿标准

黑龙江省对于种粮农户的利益补偿标准应能保证农户种粮的收益不低于从事经济作物种植或务工所获取的收益。因此，补偿标准必须经过科学的核定，按照粮食利益补偿方式的不同，粮食利益补偿标准的设定包括粮食直补资金的发放标准及种粮成本间接补贴资金的发放标准两方面的内容。

（1）粮食直补资金的发放标准。融合了粮食直接补贴和农资综合补贴的新型粮食直补资金以种粮农民的补偿面积、粮食产量为基础，根据当年粮食产品价格指数变动率、农业生产资料价格变动率、通货膨胀率设定，计算过程中所涉及的变量情况如表 7 - 1 所示，根据表 7 - 1 计算可得，粮食直补资金发放标准为 $R = [Rg \times (1 + r1 + r2 - r3)] \times Eb$，由于统计数据具有时滞性，因此，在实际操作中用上一年度的数据估算本年度的补偿标准。

表7-1 粮食直补资金发放标准计算所需变量

假设变量	变量含义	计算方法	假设变量	变量含义	计算方法
Rg	单位面积耕地补偿的金额，即耕地用作其他用途所能产生的收益与粮食生产收益之间的差额	Rg = 该地区单位耕地适用性经济作物收益 – 该地区耕地商品粮出售收益 其中单位收益的测算以实际播种面积为依据	Xn	必要粮食播种面积，即为保障本地区粮食安全必须保有的最小粮食播种面积	$Xn = P \times Cn/Qy$
Eb	补偿面积	$Eb = Xr - Xn$	P	区域内人口数量	
$r1$	农业生产资料价格指数变动率		Cn	人均必要粮食消费量	人均最低粮食消费量与粮食自给率的乘积，370.5公斤
$r2$	通货膨胀率		Qy	黑龙江省平均粮食单产	以种粮农户上一年的商品粮产出量为基准，按照粮食产品种类分别核算，对于保障某种粮食安全而种植收益相对较低的粮食作物给予产量折算，按相对较高的产量核算
$r3$	粮食产品价格指数变动率		Xr	实际粮食播种面积，即一个区域当年实际的粮食播种面积	

注：《国家粮食安全中长期规划纲要》指出2010年人均粮食消费量不低于389公斤、到2020年不低于395公斤，粮食自给率稳定在95%以上。为了便于计算，人均最低粮食消费量取390公斤，那么人均必要粮食消费量就是370.5公斤。

（2）种粮成本间接补贴资金的发放标准。种粮成本间接补贴以原有的良种补贴和农机具购置补贴为基础，将良种补贴与农业技术推广投入结合起来，面向黑龙江省内使用良种的种粮农户或农业合作社，按照普通种子相同的价格给予提供，并由国家财政以粮食调出量为依据提供农技推广的专家费和教育经费；农机具购置补贴在黑龙江省现行补偿种类和补偿金额区间的标准下，根据当期市场价格上涨指数进行核增，2014 年，黑龙江省农机具购置补贴涵盖种植施肥机械、田间管理机械、收获机械、收获后处理机械、农田基本建设机械、耕整地机械、动力机械 7 个大类和 16 个小类，补偿金额最低为 120 元/台，最高为 18 万元/台，每种品类的农机在不突破国家制定标准的前提下，根据黑龙江省农机具价格变动情况进行动态调整，并最大限度地增大农机具购置补贴力度，稳定农业机械投入成本，提升农业机械化水平。

7.4.5 补偿资金来源

黑龙江省粮食生产主体功能区粮食利益补偿的资金主要来源于粮食风险基金、粮食安全税、关联主销区土地出让金提成及社会募集。

（1）粮食风险基金。粮食风险基金是黑龙江省粮食利益补偿资金的主要来源，目前由国家财政全额承担，黑龙江省不再配套，但现有的粮食风险基金包干金额很难满足补偿机制下粮食利益补偿的需求，必须拓宽粮食风险基金的来源渠道，并对粮食风险基金、地方粮食储备基金、粮食发展基金等进行整合，吸收社会资金，提高粮食利益补偿基金的上限。

（2）粮食安全税。在商品粮流通环节尝试征收粮食安全税，以税收方式保障补偿资金稳定获取是较为有效的增加动态粮食补偿基金的途径。从理论上讲，所有享受到黑龙江省商品粮生产外部性的组织和个人都应作为粮食安全税的纳税人，粮食安全税的纳税人应该是商品粮的最终消费者，但不包括自给自足的种粮农民。粮食安全税的征收应以商品粮消费量为税基，税率的设计可以借鉴消费税的方式，采取比例税率，按照固定的税率进行征收，推行低税率、广税基的方式，由国家统一征收，并统一划归至粮食利益补偿基金。

（3）关联主销区土地出让金提成。粮食主销区将农业用地特别是粮食生产用地转作非农业用途是主销区粮食调入量逐年增加的主要原因。因此，接受黑龙江省商品粮调入的主销区有义务提供专项转移支付资金，提高黑龙江省粮食利益补偿基金的存量，而该部分资金从关联主销区的土地出让中按照规定比例提取是当前最为合适的途径。中央政府可以根据各粮食主销区的经济发展情况和土地出让情况确定土地出让金提成的比例，按照《国务院关于将部分土地出让金用于农业土地开发有关问题的通知》中"各市、县不低于土地出让平均纯收益的 15% 用于农业土地开发"的要求，与黑龙江省相关联的粮食主销区用于专项转移支付资金的土地出让金提成比可在 5% ~8% 的区间，以此兼顾粮食关联主销区与黑龙江省两者经济发展的需要。

（4）社会募集。在国家发改委、粮食局、财政部等部委的授权下，黑龙江省政府可以尝试通过社会募集方式为粮食利益补偿基金筹集资金，吸纳有关企业、组织的私人投资，接受有关企业、社会团体和个人的捐赠，甚至可以借鉴福利彩票的模式发行粮食安全彩票，将募集的资金归入粮食利益补偿基金中，有效提升粮食利益补偿基金存量。

7.4.6 补偿机制的运行

黑龙江省粮食生产主体功能区粮食利益补偿机制的补偿主体包括中央政府、黑龙江省地方政府和关联粮食主销区，补偿客体包括黑龙江省内的种粮农民、农业合作社和黑龙江省内各粮食生产主体功能区的地方政府，各主体和客体以粮食利益补偿基金为核心，推动黑龙江省粮食利益补偿机制的运行。

由中央财政支付的粮食风险基金、粮食安全税、关联粮食主销区专项转移支付资金及社会组织筹集资金形成黑龙江省粮食利益补偿基金。其中，粮食风险基金来源于中央政府的财政支农资金，关联粮食主销区则从其当年的土地出让金中按照地方经济发展水平提取部分比例的资金投入粮食转移支付资金中，同时，黑龙江省及关联粮食主销区的粮食消费者通过向中央政府缴纳低税率的粮食安全税，通过税收资金的转移支付补充到黑龙江省动态粮食补偿基金池中，社会组织则通过发行彩票、募捐等方式筹集资金纳入资金池中。在粮食利益补偿机制中，各方资金共同汇集形成的粮食利益补偿基金通过粮食直补资金形式和间接补贴资金形式发放给补偿客体，从而增加粮食产量，降低粮食生产成本，提升种粮农民的收入，具体运行方式如图 7 - 5 所示。

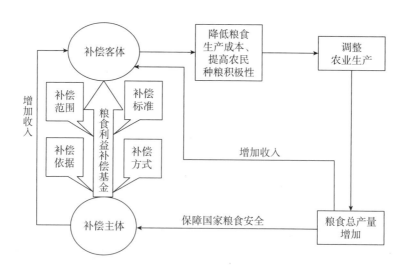

图 7 - 5 粮食利益补偿机制的运行

7.5 农业生态补偿机制的构建

7.5.1 补偿主体和客体

（1）农业生态补偿主体。农业生态补偿主体是指具有农业生态保护职责的农业生态补偿行为的参与者和实施者，依据"谁受益、谁补偿"的原则，在农业生态补偿相关的范围内，按照法律的规定或相关制度的约定提供农业生态补偿。但是，将所有的农业生态受益者都认定为是补偿的主体不具有可操作性，因此，对于黑龙江省粮食生产主体功能区而言，农业生态补偿的主体主要包括三部分：政府、社会及农民，相应提供的补偿为政府补偿、社会补偿及自我补偿，在对农业生态进行补偿过程中以政府补偿为主，社会补偿及自我补偿为辅。①政府及政府补偿。政府包括中央政府、黑龙江省政府及绿色农产品受益区政府，其为农业生态提供的补偿为政府补偿。由于农业生态资源环境的建设与保护是政府的职责所在，且政府具有较大的权力和经济执行能力，同时我国农业生态资源的产权尚归国家所有，因此农业生态补偿以政府补偿为主。②社会及社会补偿。社会是指政府之外的各种社会团体或个人，其为农业生态提供的补偿为社会补偿，多以间接补偿为主，即通过在黑龙江省征收生态污染罚款、缴纳生态税费等方式进行补偿。③农民及自我补偿。农民作为农业生产的实施者和农业生态建设保护的受益者，应该成为自我补偿的主体。为了实现农业生产的可持续发展和农业生态的有效保护，农民应积极采取资源节约型、环境友好型农业生产模式，推行低碳农业及绿色农业的发展。目前，黑龙江省粮食生产主体功能区农业生态补偿的主体主要是政府。

（2）农业生态补偿客体。农业生态补偿客体即为补偿对象，是指如果单位、组织或个人直接参与了农业生态保护并产生了正外部性效益或控制了农业污染导致利益受到损失，那么这类单位、组织或个人便成为了农业生态补偿的客体。因此，对于黑龙江省粮食生产主体功能区而言，农业生态补偿的客体应包括四部分，即从事农业生态环境建设的农民及相关组织，处于农业生态区域需要采取相应的农业生态保护政策而不能进行正常生产的农民，使用绿色环保技术、生产绿色粮食产品的农民及相关组织，积极研究农业生态技术，以及对农业生态技术进行推广的科研单位和农技推广人员。

7.5.2 补偿范围及补偿途径

黑龙江省粮食生产主体功能区应将农业生态补偿作为一种经济激励制度安排，对行为决策及行为结果进行有效激励，如对农业生产过程中减少农药、化肥使用量的行为决策及对土壤有机质含量增加的行为结果给予补偿。

因此，将黑龙江省粮食生产主体功能区农业生态补偿的补偿范围界定为有益于农业生态环境的行为，根据影响补偿机制因素的分析结果，在农业生态补偿具体实施的过程中可分为直接补偿和间接补偿。其中，直接补偿表现为两个方面：①对进行治理和恢复已遭受破坏的农业生态环境的行为给予补偿；②对进行预防和保护已面临破坏威胁的农业生态环境的行为给予补偿。间接补偿表现为有利于农业生态保护及恢复的投入。

针对不同的补偿范围确定适合黑龙江省粮食生产主体功能区农业生态补偿的补偿途径。基于直接补偿的补偿途径主要体现在两个方面：①盐碱地治理补偿，农田废弃物治理补偿（主要为白色塑料地膜的治理补偿）；②保护性耕作补偿，绿色粮食产品生产补偿及生态农业示范区补偿。基于间接补偿的补偿途径主要为农村清洁能源（主要为秸秆）开发和利用投入、农田水利设施建设投入（包括抗洪防涝投入及农田水利设施维护投入）、农业技术研发及推广投入、补偿资金转化为技术项目投入及农业生态预警系统建设投入。

7.5.3 补偿标准

农业生态补偿机制能够顺利且良好的运行，关键在于补偿标准的设定，但是目前仍然没有一个完全适用的补偿标准。在对补偿依据进行分析的过程中，应将农业生态系统服务价值纳入到农业生态补偿机制中，因此，从理论上讲，可以将农业生态系统服务价值作为确定农业生态补偿标准的依据，即补偿标准应该是因一定的农业生态治理、保护等行为而使农业生态系统服务价值增加的增加量。

（1）农业生态直接补偿的补偿标准估算。在总结已有研究成果的基础上，结合黑龙江省粮食生产主体功能区所采用的农业生态补偿措施，可以利用机会成本法、费用分析法、影子价格法及基于虚拟水补偿、碳吸收补偿和土壤有机质含量下降补偿三者结合估算方法。

第一，机会成本法。任何资源均同时存在着不同的用途，因此，将资源用在某一用途上的机会成本就是放弃将同一种资源用在其他用途上所能获得的最大收益。机会成本的数学表达式为 $C_k = \max\{E_1, E_2, E_3, \cdots, E_i\}$，$C_k$ 表示 k 方案的机会成本，E_i 表示 k 方案以外的其他方案的收益。用机会成本对农业生态补偿的直接补偿标准进行估算，简单实用，容易得出适用性的结论，但是机会成本法不能对非使用价值及无法进行市场化度量的外部性收益进行评估。

第二，费用分析法。人们主动或者被动地采取一定的措施，支付既定的费用，以实现对农业生态系统的保护或应对农业生态系统的退化。目前，黑龙江省粮食生产主体功能区实施的农田废弃物治理补偿（主要为白色塑料地膜的治理补偿）的补偿标准可以利用费用分析法进行计算，农田废弃物治理补偿可以来源于对违反规定的农民进行处罚所获得的金额，即农民为了应对农业生态退化而被动支付的费用，处罚的标准既在农民承受范围之内，又能够约束农民的行为。

第三，影子价格法。由于有些农业生态系统服务功能没有固定的交易市场，也无法形成固定的市场价格，因此，为了获取相应的农业生态系统服务价值需要运用替代技术，在其替代市场上寻找相同或相似的替代产品，运用替代产品的价格（"公共产品"的影子价格）求得相应的农业生态系统服务价值。农业生态系统服务价值的数学表达式为 $V = Q \times P$，V 表示农业生态系统服务价值，Q 表示农业生态系统产品或服务的量；P 表示农业生态系统产品或服务的影子价格。

第四，基于虚拟水补偿、碳吸收补偿和土壤有机质含量下降补偿三者结合的黑龙江省粮食生产主体功能区农业生态补偿标准的估算方法。在生态保护型农业生产模式下，参考马玉波的研究结果，计算黑龙江省粮食生产主体功能区农业生态补偿标准，所需假设变量如表 7-2 所示。根据表 7-2 计算可得，黑龙江省粮食生产主体功能区农业生态补偿标准为 $Y = a(bW + C + F)$。

表 7-2 农业生态补偿标准计算所需变量

假设变量	变量含义	计算方法	假设变量	变量含义	计算方法
Y	每吨粮食生产补偿金额	$Y = aY_{调}$	W	每吨粮食虚拟水含量	$W = SWD[n, c] = CWR[n, c]/CY[n, c]$
$Y_{调}$	每吨粮食净调出补偿金额	$Y_{调} = bW + C + F$	$SWD[n, c]$	区域 n 农作物 c 的虚拟水含量	
A	调整系数	$a = G_{调}/G_{黑}$	$CY[n, c]$	区域 n 农作物 c 的产量	
B	农业用水价格	以上一年城市水价替代	$CWR[n, c]$	区域 n 农作物 c 的需水量	$CWR[n, c] = Etc = ET_0 \times Kc$
G	全国粮食总产量		Etc	区域 n 农作物 c 的虚拟水含量	

续表

假设变量	变量含义	计算方法	假设变量	变量含义	计算方法
$G_黑$	黑龙江省粮食总产量		ET_0	参考作物水分蒸发蒸腾量	
$G_调$	黑龙江省可供调出的粮食数量	$G_调 = G_黑 - P_黑 \times G_均$	Kc	农作物系数	实际作物相对于参考作物的覆盖度和表面糙率的差异
$G_均$	全国范围内粮食人均占有量		C	生产每吨粮食的碳吸收补偿值	C_0 为上一年度 12 月 30 日北京市碳交易市场成交均价 $C = C_0 \times Q$
$P_全$	全国人口总数		Q	生产每吨粮食二氧化碳的固定量	$Q = NPP/CY\ [n, c]$
$P_黑$	黑龙江省人口总数		NPP	耕地净级初级生产力	$4.243t/hm^2$
$S_总$	黑龙江省总播种面积		F	生产每吨粮食形成的土壤有机质含量下降补偿值	$F = F' \times S_粮/(S_总 \times G_黑)$
$S_粮$	黑龙江省粮食作物播种面积		F'	生产每吨粮食施用的化肥价格（F_1 为氮肥数量，F_2 为磷肥数量，F_3 为钾肥数量，F_4 为复合肥数量，P_1 为氮肥价格，P_2 为磷肥价格，P_3 为钾肥价格，P_4 为复合肥价格）	$F' = F_1 \times P_1 + F_2 \times P_2 + F_3 \times P_3 + F_4 \times P_4$

由于统计数据具有时滞性，因此，在实际操作中用上年度的数据估算本年度的农业生态补偿标准。利用所得结果及 2011 年黑龙江省数据进行估算，可得 $Y_{水稻} = 568.76$，$Y_{小麦} = 506.12$，$Y_{玉米} = 369.7$，$Y_{大豆} = 1016.7$，可以认为 2012 年黑龙江省可以依据此标准进行农业生态补偿。

因此，黑龙江省粮食生产主体功能区采取的盐碱地治理补偿、农田废弃物治理补偿（主要为白色塑料地膜的治理补偿）、保护性耕作补偿、绿色农产品生产补偿、生态农业示范区补偿等农业生态直接补偿政策，除农田废弃物治理补偿利用费用分析法对补偿标准进行估算外，其余均可采用基于虚拟水补偿、碳吸收补偿和土壤有机质含量下降补偿三者结合的方法对补偿标准进行估算，并借助其他三种方法验证补偿标准的合理性。同时，保护性耕作补偿也可以通过建立耕地保护专项资金进行补偿标准的估算，即国家将各省土地出让金按照一定的比例集中起来，建立耕地保护专项资金，将耕地保护专项资金的70%用于经济补贴，给予进行耕地保护的地方政府，30%的保护专项资金用于激励补贴，给予采取休耕方法恢复土地生产能力的农民。可以看出，调整后的农业生态补偿标准不仅可以有效地弥补补偿标准固定不变的缺点，而且能够根据黑龙江省粮食生产主体功能区的划分，按照耕地生产的不同粮食作物进行额度不等的、具有针对性的补偿，同时补偿的金额根据每年不同的情况进行变化和调整，由此真正实现农业生态的补偿。

（2）农业生态间接补偿的补偿标准估算。对于农业生态间接补偿的各类投入而言，补偿标准的确定应结合经济效益、生态效益及社会效益进行综合考察评估，使得用于农业生态间接补偿的各类投入能够实现农业生态可持续发展、增加粮食产量、保障国家粮食安全，因此，可以以实现预期效果所需的投入金额作为补偿标准，并每年根据实际情况进行调整。①农村清洁能源（主要为秸秆）开发和利用投入。目前，黑龙江省秸秆资源的利用率约为79%，其中63%用于取暖及炊事，秸秆利用的技术含量较低。黑龙江省应根据农业结构调整方向对秸秆资源进行综合利用。黑龙江省秸秆开发和利用投入应优先发展秸秆直燃发电产业及秸秆粉碎还田，并对秸秆直燃发电的补偿主要体现在基础设施建设初期的资金直接投入，在投入生产后的生产环节及消费环节的价格补贴。同时，对秸秆粉碎还田的补偿主要体现在农机设备的使用方面。②农田水利设施建设投入。农田水利设施建设投入主要体现在大中型灌溉区续建配套节水改造工程的投入上，倡导以农民用水者协会为主体、采取"民办公助"的方式建设的小型农田水利设施的政府财政补贴投入，确保农田水利设施正常运行的维护经费投入等。③农业技术研发及推广投入。主要体现在促进循环农业发展的农业技术研发（如生物质农药的研制）投入、农业技术推广中心建设投入、加强农业技术推广的网络建设投入及教育培训费用投入。④补偿资金转化为技术项目投入。主要体现在所建技术项目的奖励及项目建设方面的投入。⑤农业生态预警系统建设投入。主要体现在农业生态预警系统网络建设投入。

可以看出，总体而言，农业生态补偿的最低标准应为直接投入与机会成本之和，也就是在实施农业生态补偿措施后农民的收益不会低于原有生产、生活方式下的收益。

7.5.4 补偿方式及补偿支付模式

补偿标准是农业生态补偿机制能够顺利运行的重点，补偿方式及补偿支付模式是农业生态补偿得以实现的形式，通过建立有效且可行的补偿方式及补偿支付模式，可以将农业生态补偿的补偿主体、客体、范围、标准进行有机整合，使其联系在一起，最终使农业生态补偿机制得以运行。

（1）补偿方式。黑龙江省粮食生产主体功能区用于农业生态补偿的补偿方式根据补偿的内容不同可以分为资金补偿、实物补偿、政策补偿、技术和智力补偿及"开源型"补偿。①资金补偿是一种最为经常使用的补偿方式，借助于市场机制及行政机制的运行，将用于农业生态补偿的财政转移支付、政府的财政专项拨款、贷款及补贴等资金直接配置到农业生态建设与保护工作中。②实物补偿是一种以实物形式进行的补偿方式，补偿主体直接向补偿客体提供如农机具、良种、劳动力、土地等实物，通过用于生产的生产要素的提供和用于生活的生活要素的提供，来增强补偿客体的生产及生活能力。③政策补偿是一种以政策倾斜形式进行的补偿方式，中央或地方政府可以根据黑龙江省粮食生产主体功能区的基本情况，制定能够促进其农业生态建设和保护的优惠政策。④技术和智力补偿是一种以补偿主体开展农业技术普及和相关智力活动形式进行的补偿方式，包括在黑龙江省粮食生产主体功能区进行农业技术研发与推广，补偿主体（农业技术推广人员）为补偿客体（农民）提供农业技术培训，全面提高补偿客体的农业生产水平、科技文化水平、农业生产技能及生态环境伦理道德教育。⑤"开源型"补偿是一种将补偿资金转化为技术项目形式进行的补偿方式，如黑龙江省粮食生产主体功能区实施的废弃物资源利用项目，对建设所需材料和设备进行补贴。

由于在黑龙江省粮食生产主体功能区农业生态补偿实施的过程中，农民最关心的问题是进行农业生态建设和保护的付出是否能够得到快速的补偿，因此，如同"输血型"的资金补偿和实物补偿方式被广泛地推广和利用。但是，资金补偿和实物补偿仅能在短期内使受到补偿的农民的生活得到保障，却无法确保农业生态建设的可持续性。因此，应不断地提升如同"造血型"的政策补偿、技术和智力补偿及"开源型"补偿的补偿方式比重，使黑龙江省粮食生产主体功能区农民的素质不断提高，形成农业生态保护的自我发展机制，实现农业生态的可持续发展。

（2）补偿支付模式。可以将用于黑龙江省粮食生产主体功能区农业生态补偿支付的模式分为基于政府的补偿支付模式和基于市场的补偿支付模式两大类。

基于政府的补偿支付是将政府作为补偿的主体，直接向补偿客体提供生态补偿，即由政府购买生态系统服务价值并无偿提供给使用者。黑龙江省粮食生产主体功能区所使用的基于政府的补偿支付模式包括财政转移支付、专项补偿及直接投资。

第一，财政转移支付。在探讨农业生态补偿的背景下，将财政转移支付界定为只要财政资金在不同政府间发生转移都是转移支付。因此，用于农业生态补偿的财政转移支付根据用途不同可以划分为一般转移支付及专项转移支付，根据方向不同可以划分为纵向转移支付（即上下级政府之间的财政资金转移）和横向转移支付（即同级政府之间如省与省、市与市、县与县之间的财政资金转移）。财政转移支付制度是最主要的区域补偿政策，将农业生态补偿资金纳入专项转移支付中，并通过横向转移支付和纵向转移支付的方式提供给黑龙江省粮食生产主体功能区用于农业生态的建设和保护（见图7-6），可以有效地提高黑龙江省粮食生产主体功能区农业生态建设和保护的能力，是一种较为有效的用于农业生态补偿的政府补偿支付方式。

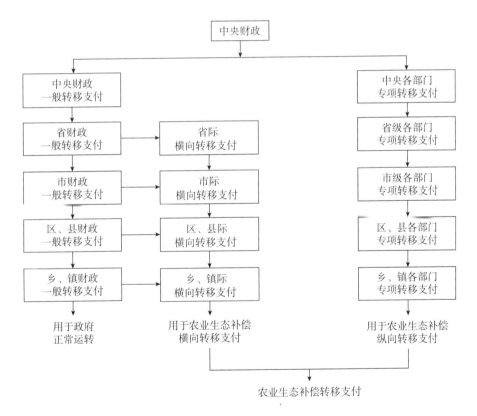

图7-6 农业生态补偿转移支付体系

第二，专项补偿。专项补偿是国家用于生态补偿项目的专项拨款，以专项资金的形式用于不同领域的农业生态补偿。目前，黑龙江省粮食生产主体功能区用于农业生态补偿的专项资金主要为产业发展专项资金。黑龙江省粮食生产主体功能区用于农业生态补偿的专项资金需要在现有的基础上进行调整，应根据实际情况充实用于农业生态补偿的专项资金所涉及的产业范围，扩大专项资金的使用范围，并建立耕地保护专项资金。

第三，直接投资。用于黑龙江省粮食生产主体功能区农业生态补偿的直接投资主要表现为促进农业生态环境保护产业发展（如绿色农产品产业、秸秆能源化产业）的环境友好型科技投入及绿色投资。

环境友好型科技投入是农业生态补偿能够得到可持续实施的重要支撑，因此，应增加环境友好型的科技投入额度，加大农业生态保护的基础科研力度，提供适合我国农业发展的农业环境保护型技术推广服务体系，促进农业生态的保护及农业生态产业的发展。用于农业生态补偿的环境友好型科技投入体系如图7-7所示。

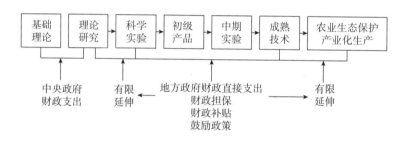

图7-7 农业生态补偿的环境友好型科技投入体系

绿色投资是指在可持续发展思想的指导下，以保护资源与环境为核心，以承担社会责任，促进人与自然和谐，兼顾经济、环境、社会三重盈余为基本要求，实现社会经济可持续发展及社会和谐的投资活动，以发展资源环境产业为核心的资源环境产业投资是绿色投资的重要组成部分，绿色投资本着环境保护、资源节约、经济效益及公平正义的原则，力求达到经济效益、环境效益和社会效益的协调统一，因此，黑龙江省政府可以通过采取绿色投资的形式达到环境保护和资源合理利用的目的。用于促进黑龙江省粮食生产主体功能区农业生态环境保护产业发展的绿色投资运行机理如图7-8、图7-9所示。

基于市场的补偿支付是一种市场参与的生态补偿，即在政府的引导下，通过协商来实现农业生态系统服务支付方与受益方之间的自愿补偿，实现以市场配置为导向的补偿，主要可以通过农业生态产品认证、价格补偿及市场贸易实现。①农业生态产品认证。通过农业生态产品认证可以使消费者在消费以资源节约型、环境友好型方式生产出来的产品时，自愿支付高于一般产品的价格，超出部分的价格就相当于间接支付了农业生态系统服务价值。就黑龙江省粮食生产主体功能区而言，可以积极打造具有"品牌优势"的绿色农产品，如五常大米、肇源县古龙贡米等。②价格补偿。黑龙江省粮食生产主体功能区用于农业生态补偿的价格补偿应包括绿色农产品价格补偿及环境保护型农资产品的补偿。其中绿色农产品价格补偿可以通过出台相关的政策，推行绿色农产品的高价收购；环境保护型农资产品的补偿可以对绿色有机肥、生物农药的生产者及购买者进行一定的价格补贴。③市场贸易。市场贸易是一种限额交易计划，黑龙江省政府可以为农业生态系统一定范围内允许的破坏量设定一个界限，处于界限之内的机构或个人可以获得一定的"信用额度"，并能够在市场上进行交易，获得市场价格，由此达到对保护农业生态的行为进行补偿的目的。

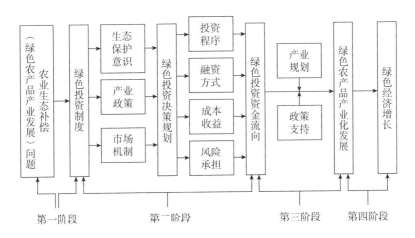

图 7-8 宏观角度促进农业生态环境保护产业发展的绿色投资运行机理

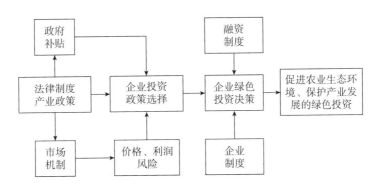

图 7-9 微观角度促进农业生态环境保护产业发展的绿色投资运行机理

7.5.5　补偿资金来源

用于农业生态补偿的资金是农业生态补偿机制能够运行的重要物质保障，因此应不断拓宽农业生态补偿资金的来源渠道。黑龙江省用于农业生态补偿的资金获得可以通过以下几种途径来实现：

（1）政府公共财政预算资金。通过在中央政府和地方政府财政支出预算科目中设置农村生态环境建设专项支出预算科目，借助财政纵向转移支付和横向转移支付稳步提高对农业生态补偿的财政投入。同时，设立农业生态补偿专项资金，实现公共财政用于农业生态补偿资金的专款专用。

（2）借助农业生态资本市场筹集资金。首先，充分利用股票市场，可以将效益较好的农业生态环保企业推荐上市，利用股票市场筹集用于农业生态补偿的资金；其次，充分利用债券市场，可以通过发行农业生态债券筹集资金；最后，充分利用金融信贷市场，可以通过争取金融机构投资和贷款获取农业生态补偿所需的资金。同时，可以通过设立农业生态建设补偿基金筹集资金，由国家发起，将用于农业生态补偿的部分财政拨款作为启动资金，并号召企业、组织及个人进行捐赠，将捐赠资金用于农业生态补偿。

7.5.6　补偿机制的运行

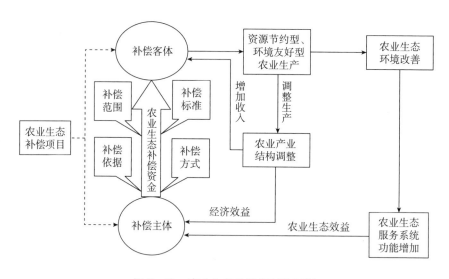

图7-10　农业生态补偿机制的运行

根据文中所设计的黑龙江省粮食生产主体功能区农业生态补偿机制的基本框

架，可以将农业生态补偿机制的运行理解为在政府的主导下，依据所设定的补偿范围、补偿依据、补偿方式及补偿标准，将补偿资金通过政府支付模式及市场支付模式补偿给参与农业生态补偿项目的农民，将提高黑龙江省粮食综合生产能力和保护农业生态环境相结合，形成资源节约型、环境友好型农业生产模式，实现农业生态系统服务功能增加，促进农业的可持续发展，使政府获得生态效益和经济效益，使农民增收、粮食增产，保障国家粮食安全，如图 7-10 所示。

7.6 粮食生产发展保护补偿机制的构建

7.6.1 补偿主体和客体

粮食生产发展保护补偿机制内的各项政策的提出主要基于以下目的：改进粮食生产主体功能区的生产条件；保障商品粮及时出售并获取合理收益；减轻粮食生产主体功能区地区政府的支农财政压力；提升粮食综合生产能力，实现粮食产业化、规模化经营。根据各项政策的指向性不同，确定粮食生产发展保护补偿机制的补偿主体和客体。

（1）补偿主体。粮食生产发展保护补偿机制的补偿主体包括中央政府、黑龙江省地方政府、各关联粮食主销区内的粮食企业及金融保险机构。①中央政府。首先，中央政府是粮食生产发展保护补偿最具权威性的实施者，中央政府能够协调粮食生产主体功能区和粮食主销区的粮食生产发展走向，从国家层面制定利益平衡政策并有效进行落实。其次，中央政府能够通过中央财政的转移支付及专项拨款提供粮食生产发展保护补偿机制所需的资金，并对资金的发放和使用进行监管，以此保证资金的使用效率。②黑龙江省地方政府。黑龙江省地方政府能够全面掌握各粮食生产主体功能区的具体情况，对中央财政拨付的各项奖励资金和专项资金进行合理有效的分配和使用，以提升粮食的综合生产能力，是重要的实施主体。③各关联粮食主销区内的粮食企业。与黑龙江省存在密切商品粮调出关系的各关联粮食主销区内的粮食企业能够通过在黑龙江省各粮食生产主体功能区内建立粮食存储设施，投资成立粮食深加工企业及合作进行粮食流通等多种方式，有效地促进黑龙江省粮食产业的发展，实现对黑龙江省粮食生产主体功能区的补偿。④金融保险机构。黑龙江省内的农业发展银行、农村信用社及开展农业保险业务的保险公司在以地方政府作为沟通平台和风险担保人的前提下，能够通过发放农业贷款、办理粮食生产收益保险等方式满足农业合作社及粮食购销企业的资金需求，保障粮食生产过程中流动资金的供应。

（2）补偿客体。粮食生产发展保护补偿机制的补偿客体包括黑龙江省内各粮食生产主体功能区市（县）政府、种粮农户（特别是超级产粮大户）、农业合作社、黑龙江省粮食购销、深加工企业及黑龙江省储备粮管理公司。其中，黑龙江省内各粮食产区的市县政府应作为粮食生产发展保护补偿机制的主要补偿客体，在获取重组补偿资金的情况下，积极推进粮食生产主体功能区内农业基础设施的建设，为粮食综合生产能力的提升提供条件。

7.6.2　补偿范围

粮食生产发展保护补偿机制的补偿范围在国家相关部委颁布的政策性文件中均有明确且具体的界定，因此，黑龙江省在执行相关政策时，通常是将国家政策作为依据，并根据黑龙江省内的具体情况划定更为明确的指向范围。①黑龙江省粮食目标价格政策目前的实施对象为大豆和玉米，并逐步将水稻和小麦纳入政策作用范围内。②黑龙江省产粮（油）大县奖励范围应包括奖励当期前5年平均粮食产量大于4亿斤，且商品量（扣除口粮、饲料粮、种子用粮测算）大于1000万斤的产粮（油）大县，未能达到国家产粮大县奖励标准但在黑龙江省内粮食总产量排名前15位以内的市、县，按照实际情况自行确定的1个生产潜力大、对地区粮食安全贡献突出的市、县。同时，黑龙江省的粮食产量在13个粮食生产主体功能区内位列第一，符合中央财政超级产粮大省奖励的评定条件，是国家的重点奖励对象，在常规产粮大县奖励基础上，黑龙江省内当期前5年平均粮食产量或商品量分别列全国前100名的产粮大县将纳入中央财政超级产粮大县的奖励范围。③种粮大户奖励范围为在一个县域内耕地面积达到1000亩以上，且单块连片耕种面积不低于500亩的种粮农户。④粮食生产保险范围为所有种粮农户。⑤政策性农业贷款范围为种粮农户、农业合作社、粮食产业内小微企业。

7.6.3　补偿方式

从中央政府、各关联粮食主销区的粮食企业、金融机构及农业保险机构不同的补偿主体出发，粮食生产发展保护补偿机制可以采取推行粮食目标价格、设立粮食生产奖励资金及现代农业生产发展资金、建立粮食生产保险体系及加强粮食产销区互助等补偿方式。

（1）全面推行粮食目标价格。在保障种粮农民利益的前提下，使市场在资源配置过程中的决定性作用能够得到充分发挥，按照2014年中央一号文件要求，国家启动了东北大豆目标价格补贴试点工作，让市场决定大豆的价格，并使产业上下游能够得以协调发展，逐步实现农产品价格形成机制与政府补贴脱钩。粮食目标价格政策实施的宗旨是多种多补、少种少补、不种不补，以向种粮农民和市场发出明确信号，引导农民合理种植，安排粮食生产，在遵行国家粮食产量规划要求的前提下，主动寻求粮食生产利益的最大化。作为国内的第一产粮大省，黑龙江省在承担国家粮食安全的同时，面临着复杂多变的国内与国际农产品市场环境，必须提高粮食生产的组织化、规模化程度，激励农业技术进步，控制生产成本，引导农民合理调整种植结构，提高农业生产竞争力和抗风险能力。因此，在大豆目标价格试点工作推进顺利的情况下，为实现粮食产业的可持续发展，黑龙江省应合理放开水稻、小麦、玉米的市场主导供需机制，全部纳入目标价格政策体系中。

（2）设立粮食生产奖励资金及现代农业生产发展资金。首先，粮食生产奖励基金能够协调粮食生产主体功能区产业发展机会，改善和增强产粮大县财力状况，调动地方政府重农抓粮的积极性，是黑龙江省支农财政资金的重要来源，也是改变黑龙江省内"产粮大县、财政穷县"问题的有效方式。粮食生产奖励资金主要用于对产粮（油）大县奖励、超级产粮大县奖励、产油大县奖励和对种粮大户奖励。其次，现代农业生产发展资金主要用于支持现代农业示范区建设，如农业示范区内农田水利设施建设、农业发展方式转变的资金投入、农业示范区内农民专业合作组织建设资金投入等。

（3）建立粮食生产保险体系。从粮食生产发展水平较高的国家和地区粮食生产保险的实践历程可以看出，粮食生产主体功能区必须建立并不断完善粮食生产保险体系，针对粮食产品的特殊公共属性设立不同类型的保险。因此，黑龙江省应建立粮食生产保险体系，所建立的粮食生产保险体系应包括目标价格保险、粮食生产巨灾保险及农业保险补贴。一是目标价格保险。目标价格保险即收益保险，指对因作物减产或市场价格波动导致投保农户收入的损失部分，由保险公司按照约定价格和约定产量进行补偿。目标价格保险在农业发展水平较高的国家和地区已经开始运行，黑龙江省应借鉴国外经验，在现有粮食生产保险的基础上，分阶段逐步引入目标价格保险模式。黑龙江省可选择有代表性的产粮大县为单位，以新型农村经营主体为重点，以大豆、玉米、水稻、小麦等主要粮食作物为试点品种，在播种前预先约定县域粮食平均价格和产量，在收获期确定县域粮食平均实际收益，开展保障水平可浮动的粮食作物区域收益保险。二是粮食生产巨灾保险。对于黑龙江省来说，配合目标价格保险的试点推行，以及建立农业生产巨灾保险是十分必要的。黑龙江省内各粮食生产主体功能区的种粮农户可以在每年年初借助政府建立的平台到指定的保险机构办理投保，根据上一年的种粮收益按照巨灾保险核算的保费比例缴纳保费，签订保险协议，若当年发生重大自然灾害，造成粮食严重减产甚至绝收，保险公司按照协议约定对投保农户进行赔付，进而保障种粮农户的基本收益，稳定农户的种粮积极性。三是农业保险补贴。黑龙江省农业保险补贴可采用直接补贴和间接补贴并行实施的方式。对投保的种粮农户采取保费直接补贴，即投保农民实际缴纳的保费为其应缴纳保费扣除国家给予的保险补贴，对开展农业保险业务的保险公司采取大灾准备金、巨灾风险基金及业务经费补贴等间接补贴。同时，黑龙江省可分阶段调整保费补贴比例，在申请中央财政专项拨付资金的情况下，粮食保费补贴比例应逐步提高到90%，使农户承担的比例降至10%。

（4）加强粮食产销区互助。在国内粮食市场逐步放开，以及充分发挥市场在资源配置中的决定作用的情况下，黑龙江省粮食生产的发展需要继续深化与关联粮食主销区的互助合作，在省际已有合作框架协议的基础上丰富合作内容。

黑龙江省政府可在"粮食金秋交易会"的基础上扩大会议的服务功能，在进行粮食购销合同签订的同时洽谈互助投资项目，不断创新发展地方储备粮异地代购代储、动态储备和互建生产、储存、加工、销售基地等多种合作模式。同时，可在现有合作模式的基础上，逐步实现与关联粮食主销区市（县）间、企业间的资本联合、产业项目共建等深层次实质合作。此外，黑龙江省应在与北京、浙江、上海、江苏等粮食主销区签订粮食产销合作框架协议的基础上，建立省际粮食产销合作利益协调机制，积极主动吸引上海、北京等粮食主销区到黑龙江省建设粮食生产基地、代储基地、收购基地和加工基地，通过产销区粮食生产发展互助，协调粮食产销区产业贡献度。

7.6.4 补偿标准

根据推行粮食目标价格、设立粮食生产奖励基金及现代农业生产发展基金、建立粮食生产保险及完善政策性农业贷款等不同的补偿方式，设立相应的补偿标准。

（1）粮食目标价格政策补偿标准。黑龙江省水稻、小麦、玉米和大豆四种主要粮食作物目标价格的确定可采取生产成本加基本收益的方法，严格按照程序进行设定。粮食目标价格的采价期为农产品的集中上市期，一般为当年10月至次年3月，由国家及供销总社等部门共同监测，采集粮食收储、加工企业的收购价格，并根据黑龙江省内粮食市场的实际运行情况进行核查，按照市场均价水平进行确定，并在每年作物播种前公布。在确定了粮食目标价格的基础上，当市场价格低于目标价格时，国家将对种粮农户进行补偿，补偿标准为所确定的粮食目标价格与粮食市场价格的差额。

（2）产粮大县、种粮大户奖励标准。粮食生产奖励资金均采用因素法测算分配标准，即中央财政根据黑龙江省粮食商品量、产量和播种面积权重比3：1：1

进行奖励资金的核算。在具体实施的过程中，常规产粮大县奖励标准为 1000 万~8000 万元，超级产粮大省奖励标准不低于 4 亿元，产油大县奖励标准为 105 万~700 万元，种粮大户奖励标准根据每年不同的实际情况进行确定，原则上每户每年各项补贴总额最高不超过 100 万元。

（3）粮食生产保险实施标准。可在借鉴成熟经验的基础上，结合黑龙江省地区经济发展情况，由黑龙江省政府与地区内的保险公司进行投保的种粮农户、农业合作社协商制定。

7.6.5 补偿资金来源

（1）中央财政专项转移支付。粮食生产发展保护补偿涉及的范围较为广泛，资金的需求非常大，因此，无论是从粮食安全角度还是从中央协调粮食产销区经济发展平衡的角度出发，补偿资金的主要来源都应该是中央财政专项转移支付。中央财政专项转移支付根据方向不同分为纵向转移支付（即上下级政府之间的财政资金转移）和横向转移支付，即同级政府之间如省与省、市与市、县与县之间的财政资金转移。黑龙江省在获得中央财政专项转移支付后，按照相关制度分配和使用专项资金，用于支持各项粮食生产发展保护补偿方式的实施。

（2）关联粮食主销区投资。关联粮食主销区内的粮食企业对黑龙江省进行的粮食生产发展直接投资和间接投资是粮食生产发展保护补偿的重要资金来源。关联粮食主销区通过在黑龙江省内粮食生产主体功能区投资建设储备粮仓，合资或入股黑龙江省内的粮食加工企业，共建商品粮物流通道等方式促进黑龙江省内粮食生产的纵向发展，与粮食专项转移支付基金共同构成补偿机制下的产销互助模式，以此保障国家粮食安全。

（3）发行特种国债。作为粮食生产发展融资的一种稳定途径，黑龙江省可尝试以国家信用为依托申请发行面向国内公民、企业、金融机构、投资公司等主体的粮食生产国债，将社会上的资金引导投向粮食生产发展项目，提高粮食生产发展基金池的蓄量，整合更多的资金用于支持现代粮食生产。

7.6.6 补偿机制的运行

作为粮食生产发展的保障机制、粮食利益补偿机制和农业生态补偿机制的协调机制，粮食生产发展保护补偿机制应在中央政府的支持下，以黑龙江省地方政府为主导，在省域地区内的金融机构、保险机构和粮食主销区的协作配合下，通过多项补偿方式对粮食生产中各补偿客体的利益进行保障，进而推动整个机制的持续运行，化解粮食生产短期和长期目标的冲突，如图 7 - 11 所示。

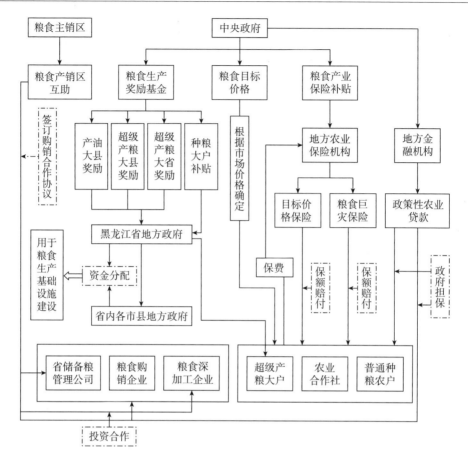

图7-11 粮食生产发展保护补偿机制的运行

在粮食生产发展保护补偿机制的运行过程中,中央政府通过中央财政的专项转移支付,以粮食生产奖励资金的方式为黑龙江省地方政府提供用于发展粮食生产基础设施建设的资金,从耕地保护、农田水利建设和绿色粮食产品发展等方面出发协调粮食生产过程中生态保护与收益减少之间的冲突;通过目标价格政策直接保障农民收益的稳定;通过粮食生产保险补贴,将保险机构纳入保障农民收益的体系中,分担地方政府与中央政府的财政压力,提高农民购买保险的积极性;同时,地方金融机构主要是农业发展银行和农村信用合作联社,以贷款的形式为种粮农户、农业合作社、粮食购销企业、粮食加工企业、黑龙江省储备粮管理公司提供用于粮食生产经营活动所需的流动资金,促进粮食生产及粮食市场的有效运行;保险公司则在中央政府及地方政府的政策约束下,为种粮农民提供适合市场变化的目标价格保险和应对自然灾害的巨灾保险,也为种粮农民提供收益保障。同时，粮食主销区继续推进产销区互助模式的深化，加大战略合作的范围和企业投资合作力度，推动黑龙江省粮食生产的发展，活跃粮食购销和加工市场，从而推动整个补偿机制的有效运行。

7.7　本章小结

　　本章在上文论述及分析的基础上，依据黑龙江省粮食生产主体功能区发展战略，即重点建设现代化粮食生产基地、农产品深加工区及农业综合开发试验区，形成定位清晰的开发格局；依托多元化手段实现粮食产业化经营；保障农业生态安全，探索生态农业产业化经营，实现农业的可持续发展，构建了黑龙江省粮食生产主体功能区补偿机制。补偿机制构建的目标定位为确保粮食增产、带动农民增收、提升粮食综合生产能力、建立稳定的粮食可持续生产格局、促进区域经济发展、实现农业可持续发展、保障国家粮食安全。同时，补偿机制的构建应遵循政府主导及多方参与、兼顾效率与公平，需要和现实相结合的原则。补偿机制融合了粮食利益补偿机制、农业生态补偿机制及粮食生产发展保护补偿机制，并设定了各补偿机制的基本框架，包括补偿主体和客体、补偿的范围和途径、补偿的方式、补偿的资金来源、补偿机制的运行。

8 黑龙江省粮食生产主体功能区补偿机制运行的仿真模拟及保障措施

基于第 7 章所构建的补偿机制，本章将运用系统动力学对补偿机制运行效果进行仿真模拟。由于系统动力学是分析复杂反馈系统的有效方法，被称为"政策实验室"，其最终目的是对社会经济系统中的策略决策问题进行仿真实验模拟。同时，所构建的补偿机制属于社会经济系统中复杂反馈系统的策略决策问题，并且其是否有效，在短期内无法用"真实实验"进行检验，因此，可以通过系统动力学对补偿机制运行的效果进行近似分析，论证所构建的补偿机制的合理性，即是否可以达到第 7 章设定的粮食增产、农民增收、粮食综合生产能力提升、农业生态可持续发展的补偿机制运行目标。

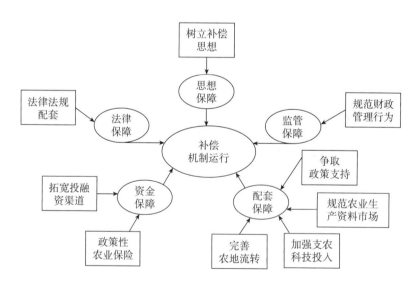

图 8-1　黑龙江省粮食生产主体功能区补偿机制运行的保障措施

同时，黑龙江省粮食生产主体功能区补偿机制的运行离不开相关的保障措施。应将补偿思想融入粮食生产主体功能区规划，使补偿机制的运行具备思想基础，建立配套的法律法规为补偿机制的运行保驾护航，通过规范的财政管理行为建立起确保补偿机制运行的监督和绩效评价体系，通过投融资渠道的拓宽和完善的政策性农业保险为补偿机制的运行提供资金保障，并完善配套支持体系促使补偿机制能够更有效地发挥作用，如图 8 - 1 所示。

8.1　黑龙江省粮食生产主体功能区补偿机制运行效果的仿真模拟

8.1.1　补偿机制运行效果系统动力学建模基础

8.1.1.1　建模的基本步骤

补偿机制系统动力学建模按照系统动力学建模的一般做法，其基本步骤可以分为系统分析—结构分析—绘制相应的因果关系图和流图—在流图基础上设计方程及参数。同时，在运用系统动力学模型进行仿真模拟实验前，需要对所构建的模型进行检验，并验证其与现实的拟合程度。

（1）系统分析。明确建立模型的目的及所需解决的问题、确定模型的边界。

（2）结构分析。研究各组成因素的相关关系。各组成因素的相关性可分为正相关、负相关及零相关。若一个要素的变化引起了另一个要素的同方向变化称为正相关，则两个因素之间可以形成正因果链；若一个要素的变化引起了另一个要素的反方向变化称为负相关，则两个要素之间可以形成负因果链；若一个要素的变化不会直接引起另一个要素的变化称为零相关，则不能够形成直接联系的因果链。

同时，在对各组成因素的相关性进行分析的基础上，将变量分为状态变量、速率变量、辅助变量和常量。状态变量是一种具有积累效应的变量，其现时值为原有值和改变量之和；速率变量是影响积累效应变化速度的变量；辅助变量是中间变量，位于状态变量和速率变量之间；常量是在某一特定时期内保持不变的量。

（3）绘制相应的因果关系图和流图。在因果关系图绘制的过程中需要明确各组成因素的因果关系，由正因果链和负因果链组成。在流图绘制的过程中需要确定边界和回路、区分回路中不同性质的变量、用流图符号描述和连接各个变量。同时，需要遵循以下原则：要有守恒流线流经状态变量，只有速率变量能够与状态变量相连并改变状态变量，状态变量上要有信息取出线，速率变量上要有信息流入线，辅助变量上只能有信息流线经过，常量上只能有信息取出线。

（4）在流图基础上设计方程及参数。通过对现有数据的分析整合，运用回归分析等方法，确定各变量之间的数学关系，并对各参数进行有效估计。根据对变量的分类，对于方程的描述相应地分为水平方程（L）、速率方程（R）、辅助方程（A）。

其中，水平方程（L）的形式是固定的，可以用一阶差分方程的形式进行描述，包含速率变量和仅能在水平方程中出现的差分步长 DT。

$$L.K = L.J(\sum R.JK_{in} - \sum R.JK_{out}) \times DT \qquad (8-1)$$

其中，$L.K$ 表示状态变量 L 在时刻 K 的取值；$L.J$ 表示状态变量 L 在时刻 J 的取值，也可以理解为模型在初始状态时的取值；$R.JK_{in}$ 表示流入速率变量 R_{in} 在 JK 区间内的取值；$R.JK_{out}$ 表示流出速率变量 R_{out} 在 JK 区间内的取值。

速率方程（R）是流量变化的自然规律或调解现实状态与目标状态之间偏差的决策规则。其中，流量变化的自然规律可以通过深入研究发现规律以实现速率方程的构建；为了说明决策规则的速率方程表示为状态变量和常量的函数。

$$R = f(L, \text{Cons tan } t) \qquad (8-2)$$

辅助方程（A）是速率方程的子方程且具有实际意义，利用辅助方程可以更好地描述自然规律或决策过程。同时，当需要描述变量之间的非线性关系时，应利用表函数。

8.1.1.2 建模的逻辑思路

本书所建立的补偿机制系统动力学模型是系统动力学在补偿机制仿真模拟运行中的应用，在具体建模的过程中，从理论分析和调研分析入手，建立完整的建模逻辑思路，如图 8-2 所示。

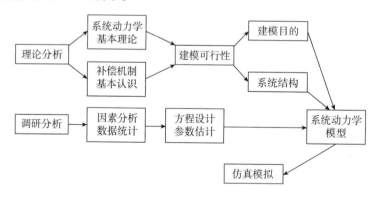

图 8-2 建模的逻辑思路

8.1.2 补偿机制运行效果系统动力学模型构建

8.1.2.1 建模的目的

构建补偿机制系统动力学模型，旨在通过运用系统动力学模型对补偿机制的运行效果进行仿真模拟，以检验所构建的黑龙江省粮食生产主体功能区补偿机制在未来的运行过程中是否能够实现所设定的保障国家粮食安全，确保粮食增产，农民增收，提升粮食综合生产能力，促进区域经济增长，实现农业可持续发展的目标。同时，通过对补偿机制运行效果的预测，探讨所构建的补偿机制的合理性。

8.1.2.2 建模的边界

补偿机制的建模应在遵循系统动力学建模规律的基础上，充分考虑并结合补偿机制所特有的规律，在补偿机制系统动力学建模过程中应依据简化模型结构及契合现实情况的原则来确定建模的边界。①简化模型结构的原则。通过第6章的论述可以看出，补偿机制涉及了多个因素，如果将补偿机制的现实情况完全再现，补偿机制系统动力学模型会十分复杂和庞大，同时，可能会由于掺杂了"噪声"因素而影响仿真模拟的效果。因此，在建模时，本书以粮食产量、农民收入、粮食综合生产能力及农业可持续发展能力为出发点，尽量将现实中补偿机制所能够实现的主要目标及效果抽象到模型中，并使模型结构得以简化，可以看出，补偿机制系统动力学模型并不能将所有效果完全呈现，仅为主要效果的高度概括。②契合现实情况的原则。虽然在模型构建的过程中要求立足于主要因素，尽量简化建模过程中的模型结构，但是仍需要契合现实情况。因此，在指标选取、因果关系图及流图构建、方程设计方面均要力求和现实情况相吻合，使得模型的构建及仿真模拟结果能够拟合现实情况，充分说明问题。

8.1.2.3 模型因果关系图

从补偿机制内各因素对粮食产量、农民收入、粮食综合生产能力及农业可持续发展能力的影响，各因素相互作用和相互制约的关系入手，形成具有多重反馈的补偿机制运行效果因果关系图，如图8-3所示。

8.1.2.4 模型流图

在所构建的补偿机制运行效果因果关系图的基础上，构建补偿机制运行效果流图。该模型流图是为了便于掌握补偿机制运行效果的结构及行为的动态性而引入的图像模型，由积累、流率、物质流、信息流等符号构成的，可以根据变量关系分析反馈回路，实现定量分析。补偿机制运行效果流图，即补偿机制运行效果系统动力学模型如图8-4所示。

8.1.2.5 模型变量分析

补偿机制运行效果系统动力学模型涉及的变量分为状态变量、速率变量、辅助变量及常量。

（1）状态变量（L）。根据建模的目的和边界，本模型的状态变量包括粮食产量、农民收入及农业可持续发展能力。

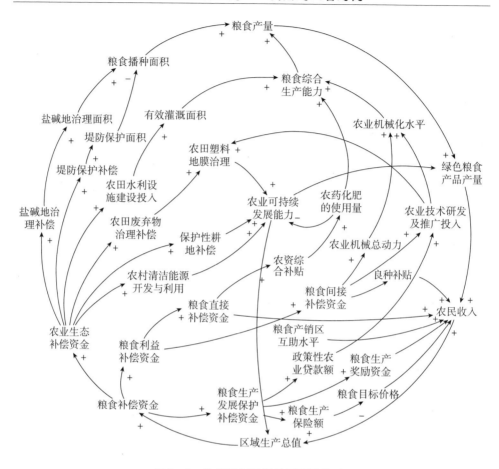

图 8-3 补偿机制运行效果因果关系

（2）速率变量（R）。通过对各状态变量含义的理解及对建模过程中有关问题的考虑，确定相应的速率变量为粮食增产率、收入增长率、农业可持续发展因子。

（3）辅助变量（A）。本模型的辅助变量包括粮食播种面积、盐碱地治理面积、堤防保护面积、有效灌溉面积、粮食综合生产能力、粮食补偿资金、农业生态补偿资金、盐碱地治理补偿、堤防保护补偿、农田水利设施建设投入、农田废弃物治理补偿、保护性耕地补偿、农村清洁能源开发与利用、粮食直接补偿资金、农资综合补贴、粮食利益补偿资金、粮食间接补偿资金、农机具购置补贴、良种补贴、粮食生产发展保护补偿资金、政策性农业贷款额、粮食生产奖励资金、粮食生产保险额、农业技术研发及推广投入、农田塑料地膜治理、农药化肥的使用量、农药化肥使用因子、农业机械总动力、农业机械化水平、农机推广因子、绿色粮食产品产量、区域生产总值。

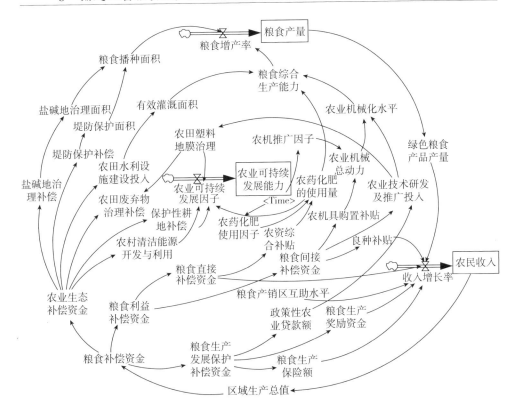

图 8 - 4 补偿机制运行效果系统动力学模型

（4）常量（C）。本模型将在所考虑的时间内变化较小或相对不发生变化的系统参数界定为常量，包括模型中的常数值、表函数、初始值及粮食产销区互助水平。

8.1.2.6 模型方程及参数设计

模型的变量方程如表 8 - 1 所示。

表 8 - 1 模型变量方程

变量（y）	变量方程
粮食产量	$y = INTEG$（粮食增长率×粮食产量）
农民收入	$y = INTEG$（收入增长率×农民收入）
农业可持续发展能力	$y = INTEG$（农业可持续发展因子×农业可持续发展能力）
粮食增产率	$y = -0.196 + 0.108 \times [\ln($粮食播种面积$) \times$粮食综合生产能力 $\pm 0.01 \times \ln($粮食播种面积$) \times$粮食综合生产能力$]\hat{\,}2$

续表

变量（y）	变量方程
粮食播种面积	$y = -354.97 + 0.974 \times$（上年度粮食播种面积 + 盐碱地治理面积 - 堤防保护面积）
盐碱地治理面积	$y = IF\ THEN\ ELSE$（盐碱地治理补偿 > 20, 19.7, 19）
堤防保护面积	$y = 88.986 + 16.438 \times$ 堤防保护补偿 $+ 0.283 \times$ 堤防保护补偿^2
有效灌溉面积	$y = 451.978 - 5.526 \times$ 农田水利设施建设投入 $+ 0.054 \times$ 农田水利设施建设投入^2
粮食综合生产能力	$y = $ 农业机械化水平 $/$ ［ln（有效灌溉面积）$\times$ ln（农药化肥的使用量）］$/0.0671$
粮食补偿资金	$y = EXP$（8.023 - 11306.344/区域生产总值）
农业生态补偿资金	$y = -1809.16 + 304.58 \times$ ln（粮食补偿资金）
盐碱地治理补偿	$y = 0.12 \times$ 农业生态补偿资金
堤防保护补偿	$y = 0.1 \times$ 农业生态补偿资金
农田水利设施建设投入	$y = 0.28 \times$ 农业生态补偿资金
农田废弃物治理补偿	$y = 0.16 \times$ 农业生态补偿资金
保护性耕地补偿	$y = 0.13 \times$ 农业生态补偿资金
农村清洁能源开发与利用	$y = 0.21 \times$ 农业生态补偿资金
粮食利益补偿资金	$y = 1.165 \times$（粮食补偿资金$^0.69$）
粮食直接补偿资金	$y = EXP$（5.238 - 85.476/粮食利益补偿资金）
农资综合补贴	$y = -17.52 + 0.939 \times$ 粮食直接补偿资金
粮食间接补偿资金	$y = EXP$（5.886 - 312.683/粮食利益补偿资金）
农机具购置补贴	$y = 0.465 \times$ 粮食间接补偿资金$^{0.98}$
良种补贴	$y = EXP$（3.517 - 32.908/粮食间接补偿资金）
粮食生产发展保护补偿资金	$y = -6.841 + 0.584 \times$ 粮食补偿资金
政策性农业贷款额	$y = -2804.29 + 527.48 \times$ ln（粮食生产发展保护补偿资金）
粮食生产奖励资金	$y = 14.005 \times EXP$（0.001 $\times$ 粮食生产发展保护补偿资金）
粮食生产保险额	$y = 44.002 - 0.126 \times$ 粮食生产发展保护补偿资金 $+ 0.00012 \times$（粮食生产发展保护补偿资金）^{2}
农业可持续发展因子	$y = 0.569 - 0.237 \times$ ln ［农田塑料地膜治理 $\times$（保护性耕地补偿 + 农村清洁能源开发与利用）/农药化肥的使用量］
农业技术研发及推广投入	$y = 8.342 - 0.026 \times$（粮食间接补偿资金 + 政策性农业贷款额）$+ 0.0000416 \times$（粮食间接补偿资金 + 政策性农业贷款额）^{2}
农田塑料地膜治理	$y = 0.573 \times EXP$ ［0.001 $\times$（农田废弃物治理补偿 + 农业技术研发及推广投入）］

续表

变量（y）	变量方程
农药化肥的使用量	$y = EXP$［2.481 − 19.56/（农资综合补贴×农药化肥使用因子）］
农业机械总动力	$y = 2250.32 ×$［（农机购置补贴×农机推广因子）^0.29］
农业机械化水平	$y = \ln$（农业技术研发及推广投入/8.574 + 农业机械总动力/3760.62）
绿色粮食产品产量	$y = EXP$［7.768 − 2052.62/（粮食产量×农业可持续发展能力）］
收入增长率	$y = −0.63 − 0.269 × \ln$［粮食产销区互助水平×绿色粮食产品产量/（良种补贴 + 粮食直接补偿资金 + 粮食生产奖励资金 + 粮食生产保险额）］
区域生产总值	$y = 37.67 ×$［（农民收入×农业可持续发展能力）^0.63］

8.1.3　基于系统动力学的补偿机制运行效果仿真模拟

8.1.3.1　模型检验

由于补偿机制运行效果系统动力学模型是对现实情况的高度抽象、概括和简化，因此，所构建的模型是否能够真实地反映现实情况、是否能够达到模型构建的目的、是否具有较高的信度和效度是必须解决的问题，为了使模型能够具有真实性、有效性和可信度，需要在补偿机制运行效果系统动力学模型建立的基础上，对已建立的模型进行检验。本书采用相对误差法，即通过比较模型运行后的结果与实际数据的相对误差检验模型的仿真效果，相对误差法具体表述如下：

$$e_{it} = (y_{it} − y'_{it}) / y'_{it} \qquad (8-3)$$

其中，i（$i = 1$，2，3…）表示第 i 个变量，t（$t = 2008$，2009，2010…）表示第 t 年，y_{it} 表示模型模拟运行结果，y'_{it} 表示模型实际数据，e_{it} 表示模拟运行结果相对于实际数据的误差。在一般情况下，$e_{it} < 5\%$ 的变量数目占70%以上，且每个变量的相对误差不大于10%，则认为所构建的系统动力学模型具有较好的仿真模拟和预测性能。依据统计年鉴选取了部分变量的模拟运行结果，并对相对误差进行了计算，变量的模拟运行结果及相对误差如表8−2所示。

表8−2　变量的模拟运行结果及相对误差

变量		2008 年	2009 年	2010 年	2011 年	2012 年
粮食产量 （万吨）	实际数据	4225.00	4353.00	5012.80	5570.60	5761.50
	模型结果	4218.00	4351.00	5004.00	5555.00	5721.00
	相对误差	0.17%	0.05%	0.18%	0.28%	0.70%

续表

变量		2008 年	2009 年	2010 年	2011 年	2012 年
农民收入 （元）	实际数据	4855.70	5206.70	6210.70	7590.70	8603.80
	模型结果	5138.78	5351.45	6390.19	7838.16	8913.54
	相对误差	5.83%	2.78%	2.89%	3.26%	3.60%
有效灌溉面积 （万公顷）	实际数据	312.30	340.60	387.50	434.20	488.90
	模型结果	311.76	332.51	379.39	431.80	474.11
	相对误差	0.17%	2.38%	2.09%	0.55%	3.03%
农药化肥的 使用量 （万吨）	实际数据	6.20	6.70	7.40	7.80	8.10
	模型结果	6.15	6.85	7.43	7.79	7.98
	相对误差	0.89%	2.24%	0.41%	0.13%	1.48%
农业机械 总动力 （万千瓦）	实际数据	3018.40	3401.30	3736.30	4097.80	4549.30
	模型结果	3052.00	3448.00	3782.00	4130.00	4336.00
	相对误差	1.11%	1.37%	1.22%	0.79%	4.69%
绿色粮食产品产量 （万吨）	实际数据	1435.20	1615.00	1695.40	1736.80	1831.20
	模型结果	1454.00	1574.00	1703.00	1770.00	1804.00
	相对误差	1.31%	2.54%	0.45%	1.91%	1.49%

从表 8-2 可以看出，粮食产量、农民收入、有效灌溉面积、农药化肥的使用量、农业机械总动力及绿色粮食产品产量的 2008~2012 年的仿真值和历史值的相对误差均在 10% 以内，且相对误差小于 5% 的变量数在 70% 以上，相对误差的结果较为理想。因此，模型通过检验，可以用此模型对补偿机制的运行效果进行仿真模拟。

8.1.3.2 补偿机制运行效果的仿真模拟

运用补偿机制系统动力学模型对所构建的补偿机制的运行效果进行仿真模拟，以 2012 年为现状年，模拟步长为 1 年，模拟时间到 2020 年。在所构建的补偿机制模拟运行的情况下，粮食产量、农民收入、粮食综合生产能力及农业可持续发展能力到 2020 年的变化趋势如图 8-5、图 8-6、图 8-7 及图 8-8 所示。

8.1.4 结果分析

从模型的仿真模拟运行结果可以看出，所构建的黑龙江省粮食生产主体功能区补偿机制的运行和实施，在未来的 5 年内能够实现粮食增产、农民增收、粮食综合生产能力提升及农业生态的可持续发展。因此，本书构建的补偿机制能够达到预期的目标，在理论上是可行的。

（万吨）

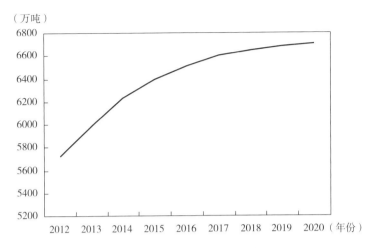

图 8 - 5　粮食产量模拟变化情况

（元）

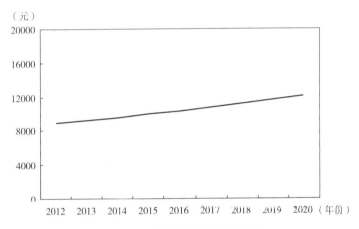

图 8 - 6　农民收入模拟变化情况

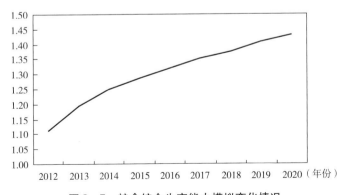

图 8 - 7　粮食综合生产能力模拟变化情况

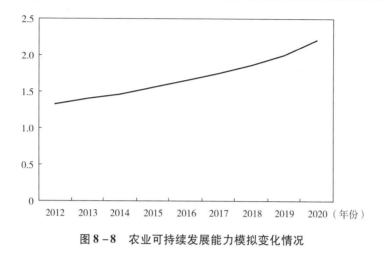

图 8 - 8　农业可持续发展能力模拟变化情况

8.2　黑龙江省粮食生产主体功能区补偿机制运行的保障措施

8.2.1　将补偿思想融入粮食生产主体功能区规划

为了确保粮食生产主体功能区的稳步发展，实现粮食增产、保障国家粮食安全，国家加大了对粮食生产主体功能区的关注力度，从不同角度出发制定了一系列的补偿政策。2005 年，将建立生态补偿机制作为重要任务；2007 年出台的《关于加强农村环境保护工作的意见》指出：不断增加各级政府用于农村生态保护的财政支出，积极探索有效渠道增加农业生态保护资金，探索适合粮食生产主体功能区发展的农业生态补偿机制。2008 年党的十七届三中全会提出了一系列加强农村环境保护的政策措施，第一次提出要建立农业生态补偿机制。同时，提出不断向粮食生产主体功能区提供政策倾斜，建立粮食生产主体功能区利益补偿制度，加大对产粮大县财政奖励和粮食产业建设项目扶持力度，实现粮食增产、农民增收、财力增强，充分调动农民种粮、地方抓粮的积极性。2009 年、2010年的中央一号文件相继提出"建立健全粮食生产主体功能区利益补偿制度"促进主产区经济加快发展。2014 年召开的中共十八届三中全会提出积极推行农业补贴制度改革，通过农业支持保护体系的建立实现粮食生产主体功能区利益补偿机制的完善。并且在中央一号文件中对如何完善粮食生产主体功能区利益补偿机制进一步进行了解释，即不断加大对粮食生产主体功能区财政纵向转移支付及横向转移支付力度，增加对产粮大县的奖励性补贴，完善粮食主销区对粮食生产主体功能区的投资，更多地承担国家粮食储备任务。

可以看出，现行的国家对粮食生产主体功能区的补偿较分散，没有形成较为完整的体系，因此，应将补偿思想融入粮食生产主体功能区的规划中，对不同的补偿机制进行整合，形成适合粮食生产主体功能区发展的补偿机制，并使地方政府和国家充分认识到对粮食生产主体功能区进行补偿的重要性，从思想上确保补偿机制的有效实施和运行。

8.2.2 健全保障补偿机制运行的法律法规

补偿机制运行的法律法规的出台将对黑龙江省粮食生产主体功能区补偿的有效实施起到积极的作用。但是，目前，我国推行的粮食补偿政策缺少清晰、稳定的法律、法规保障，使得粮食补偿政策的效果难以保证。一方面是法律法规的缺失，现行用于补偿的政策大多以纲要、意见、决定及建议的形式给出，如《国民经济和社会发展第十一个五年规划纲要》《关于加强农村环境保护工作的意见》《中共中央关于推进农村改革发展若干重大问题的决定》《中共中央关于制定国民经济和社会发展第十五个规划的建议》及中央一号文件。然而法律与政策在规范形式、实施方式、调整范围及稳定程度方面有着明显的区别，法律具有高度明确、以规则为主、在实施受到阻碍时可以采用国家强制力形式，对国家主权所及范围的所有人均有约束力，拥有较高的稳定性等政策不具备的特点。另一方面现行支持补偿机制的法律法规相对粗放，使得法律法规的可操作性不强，不能充分地发挥其应有的作用。

2014 年召开的中共十八届四中全会首次专题讨论了依法治国问题，要求国家的政治、经济运作、社会各方面的活动统一依照法律进行，而不受任何个人意志的干预、阻碍或破坏。因此，补偿机制能够公平、合理、有效实施的重要保障是将补偿提到法律法规的层面上，以法律、法规的形式将粮食生产主体功能区的补偿政策固定下来，通过获取国家指向性的立法解释，保证补偿机制的有效运行和实施。在相关法律法规制定的过程中可以参考国外经验，如美国的《美国联邦农业改进和改革法案》《农业法案》及《农业援助法案》，欧盟的《农业政策改革法案》。同时，保障补偿机制运行的法律法规的制定具体可以分为三个步骤实施，首先，制定《关于粮食利益补偿若干政策措施的指导意见》《关于粮食生产发展保护补偿若干政策措施的指导意见》及《关于农业生态补偿若干政策措施的指导意见》，全面规划补偿的方式和途径，并确定基本原则和实施步骤；其次，适时制定并实施具有一般指导意义的《粮食利益补偿条例》《粮食生产发展保护补偿条例》及《农业生态补偿条例》；最后，以相关条例为基础，通过实践不断探索完善，制定出台了《粮食利益补偿法》《粮食生产发展保护补偿法》及《农业生态补偿法》，通过法律法规的形式将补偿主体、补偿客体、补偿范围、补偿标准、补偿资金来源、补偿方式等内容进行明确的规定。同时，要积极推进《预算法》和《转移支付法》的立法进程等。

8.2.3 规范财政管理行为

8.2.3.1 强化财政监督管理

由于"重分配、轻监督"的思想存在，财政的监督职能被削弱，使得补偿机制的有效性难以得到充分发挥。因此，为了保障黑龙江省粮食生产主体功能区补偿机制的顺利实施，应构建合理的监督管理体制，落实同步监督理念，强化财政监督管理。

首先，建立财政监督管理组织体系。完整的财政监督管理组织体系是补偿机制得以顺利运行的重要保证。一是建立补偿基金委。由黑龙江省政府出面，从财政、农业、发改委等相关部门选派人员组建独立运行的补偿基金委。通过赋予完整的权利和义务，使补偿基金委能够专门负责补偿资金的管理和运行，同时，依托高效的专门管理机构，推进法制化、制度化及规范化的补偿机制的形成。二是设立补偿机制运行的监督机构，对补偿机制实施过程中容易出现问题的环节进行随时跟踪监督，做到及时发现问题并进行改正，全面提高补偿机制的运作效率。三是设立补偿机制的仲裁机构，解决补偿机制运行过程中所产生的纠纷。其次，提高财政监督管理人员素质。高素质的财政监督管理人员能够提高财政监督管理的效率，对补偿机制的运行能够起到积极的推动作用。在具体的实施过程中，可以通过培训及相关政策解读，提高财政管理人员对粮食生产主体功能区补偿机制的认知，使其能够深入领悟补偿机制的重要性和现实意义，增强财政监督管理人员的使命感和责任感。最后，完善财政监督管理法律和制度。一方面，加快财政监督立法工作，完善财政监督管理法律建设。通过出台《财政监督法》，可以进一步明确财政监督的职责、权限与法律地位。另一方面，完善财政监督管理制度建设。建立财政监督人员资格认定制度，明确各级财政监督机构的职责，制定各级政府负责人员与财政监督人员之间的不同职责，使财政监督工作定量化；建立财政监督再监督制度，由上一级财政监督机构和监察部门对下级财政监督部门履行职责的情况进行定期监督和检查；实行财政监督责任追究制度，对监督人员失职行为实行责任追究，对违反规定的行为进行相应的处罚；推行电子化财政监督管理制度，运用现代化手段实现全过程财政监督。

8.2.3.2 注重财政绩效评价

在强化财政监督管理的同时重视财政绩效评价，即对用于粮食生产主体功能区补偿的财政资金支出效果进行全面的分析和评价，以此提高补偿资金的使用效率和服务水平，确保用于补偿的资金能够按时按量到位，实现专款专用。

在具体的实施过程中，对于用于补偿的财政资金支出的绩效评价应本着科学规范、实事求是、分级负责及动态调整的原则，依据财政部、黑龙江省财政厅制定的相关补偿资金使用的管理办法及绩效评价办法，采用定量评价和定性评价相结合的方法，根据每年的不同情况建立相应的绩效评价指标体系，并实现绩效评价指标体系的动态调整，重点注重财政资金支出的效率性和有效性评价，充分收集相关资料，做到绩效评价的客观公正。用于补偿的财政资金绩效评价分为六个阶段：前期准备阶段，包括成立组织机构、制定绩效目标、确定评价对象及确定评价方案；方案设计阶段，包括选取绩效指标方法、专家咨询论证；组织实施阶段，即为下达评价通知；实地踏勤阶段，包括收集基础资料、核实基础数据、开展问卷调查及专家审核评议；综合评价阶段，包括计算指标实际值、形成评估结论、征求有关意见及撰写评价报告；评价结论阶段，包括下达评价结论、报告评价结果、发布评价信息及建立评价档案，具体工作流程如图 8 - 9 所示。同时，应不断地加强用于补偿的财政资金支出绩效评价组织体系、工作流程、制度体系、评价结果的监督反馈体系的建设。

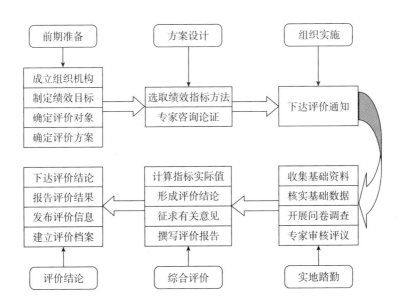

图 8 - 9 财政资金绩效评价工作流程

8.2.3.3 推进政府预算公开
我国于 2008 年正式出台了《政府信息公开条例》，该条例规定要最大限度地维护人民群众对国家财政公共管理的知情权，并将政府的财政预算报表与财政决算报表纳入到了政府预算公开项目中。政府预算公开使政府财政收支管理不断透明化，确保了财政政策的高效落实，有效地提升了财政资金的使用效益。

因此，黑龙江省财政部门要建立用于粮食生产主体功能区补偿的财政资金从预算到使用全过程的政府预算公开制度，制定补偿资金政府预算公开形式，细化补偿资金政府预算公开内容，确保补偿的财政决策、预算执行和资金的使用合理、合法、公开透明。建立补偿资金发放信息共享平台，有效避免资金被截留和挪用，同时方便各级政府、社会组织及农民对补偿资金使用情况的监督与查询，确保黑龙江省粮食生产主体功能区补偿机制能够落到实处。

8.2.4 依托金融手段形成有效的资金保障

资金是补偿机制能够运行的物质保障，也是黑龙江省粮食生产主体功能区得以发展的重要保障，因此，应依托金融创新形式拓展用于补偿机制的资金来源，为补偿机制的运行提供充足的资金保障。

8.2.4.1 拓展投融资渠道

我国用于粮食生产主体功能区建设的资金来源渠道狭窄，资金不足严重妨碍了粮食生产主体功能区补偿机制的运行及完善。为此，有必要积极拓展适合补偿机制运行的投融资渠道，为补偿机制的运行提供资金支持。

（1）拓展资金投入渠道。首先，黑龙江省政府可以通过采取优惠政策吸引社会组织通过募捐或投资的形式支持农业生产。同时，鼓励境外筹资，积极争取世界银行、国际开发协会等机构对农业生产项目的贷款，并将农业生产利用国外贷款或投资纳入到总体资金利用计划中。其次，可以将商业银行所吸纳的农村存款，按照一定的比例固定用于农业投资，以补充补偿资金。最后，可以尝试发行农业金融债券，促使社会多方参与，以扩大政府补偿资金的规模，提升支农能力。

（2）拓展融资渠道。首先，完善支持补偿机制运行的金融政策及融资制度，制定相应的金融法规，实施贷款利率优惠政策及优先贷款制度，疏通直接融资渠道。同时，鼓励并扶持新型农村金融机构，如村镇银行、农村小额贷款服务公司、农村资金互助社等，提供适合粮食生产特点和需要的小额信贷。黑龙江省应建立并完善粮食生产流动资金信贷体系，确保金融机构涉农贷款增速高于全部贷款平均增速，通过适当提高涉农贷款风险容忍度，实行适度宽松的市场准入、弹性存贷比政策，加大对农户小额信贷业务及对种粮大户、农业合作社、粮食产业内小微企业的贷款投放力度。其次，逐步转移金融机构特别是农业政策性银行的信贷支农重点，将信贷支农重点转向农业生产领域，包括粮食生产贷款、农田基础设施建设贷款、产粮大县经济发展贷款及农业示范区贷款等方面，同时，加强对农业生态保护项目的信贷支持，以及拓展融资渠道。最后，设立专项基金，如优惠贷款扶持基金、研究与发展基金，对农业发展过程中某些薄弱环节给予针对性的信贷支持。

8.2.4.2　完善政策性农业保险

黑龙江省农业自然环境较为恶劣，在农业生产过程中经常遭受严重的自然灾害，因此，黑龙江省应大力发展并不断完善政策性农业保险。目前，黑龙江省政策性农业保险采取的是双层经营管理体制，即以农业保险公司统一经营管理为主导，以保险社互助经营为基础。政策性农业保险的保费由中央财政、黑龙江省政府和省农垦总局、县政府和各农场、农户共同承担，其中，中央财政承担的保费最多，达到40%；保险业务以粮食作物产量保险业务为主，包括水稻、大豆、玉米和小麦等主要粮食作物；以保成本为主要原则，承担旱、涝、风、雹、冻、病、虫七种自然灾害保险责任；实行大灾准备金和再保险制度，按保费收入的10%提取大灾准备金，用于平抑大灾风险，并建立防灾减灾体系。在具体的实施过程中，现行的政策性农业保险仍存在一些问题，如缺乏规范的法律保障、政策支持力度较差、农业保险公司经营效率较低等。因此，应在现有的基础上对政策性农业保险不断进行完善，如建立和完善政策性农业保险法律法规、积极鼓励商业性保险机构进入农村保险市场、增强政策性农业保险公司的经营效率等，使政策性农业保险能够在农业自然灾害发生时真正保证农民收入，降低补偿资金需求，为黑龙江省粮食生产主体功能区补偿机制运行提供间接资金保障。

8.2.5　完善配套支持体系

（1）积极争取政策支持。在维护国家粮食安全的背景下，国家农业部每年都会出台实时性的农业支持政策，调整财政支付额度。在通常情况下，国家会根据国内13个粮食生产主体功能区的具体情况，综合考虑各粮食生产主体功能区商品粮产出数量及地区经济发展的状况分配农业项目资金，加大对粮食生产主体功能区农业板块的支持力度。同时，鼓励实施大型商品粮基地建设、优质粮食产业工程、农业综合开发等项目，划拨专项资金用于粮食生产主体功能区中低产田改造、优良品种繁育和农技推广，并对粮食总产量超过"千亿斤"的粮食主产省，给予特别奖励性资金支持。黑龙江省作为全国知名的粮食"千亿斤"主产省，是国家农业方面政策和支农财政的重点关注对象，因此，黑龙江省应积极争取更多的国家财政补贴倾斜额度和优惠政策，充分借助国家的力量推进粮食生产主体功能区补偿机制的落实，实现粮食产量、区域经济发展、种粮农户收益和农业生态环境的同步提升。

（2）规范农业生产资料市场。黑龙江省政府应进一步规范农业生产资料市场，通过加强对农业生产资料的市场价格监督和对农业生产资料的质量监督，实现对粮食生产资料价格的控制，以此达到稳定粮食生产成本的目的。由于所构建的粮食生产主体功能区补偿机制的补偿标准是随粮食生产资料价格变动情况进行动态调整的，如粮食生产资料价格上涨，补偿所用资金也会随之上涨，因此，稳定的粮食生产资料价格和粮食生产成本可以减少对补偿资金的需求量，以减轻补偿机制运行的资金压力。

（3）加大支农科技投入力度。根据相关学者的研究结论，我国支持农业发展的科技投入强度有待于进一步提升。因此，黑龙江省政府应加大粮食生产主体功能区支农资金的投入力度，一方面提高农业科技投资强度，另一方面推动农业科技的自主创新能力，如良种的培育、农业生产设备和农机具的改良等方面，为粮食生产主体功能区补偿机制的实施提供有效的智力保障。

（4）实施农业土地制度改革，完善农地流转机制。黑龙江省政府应根据现实情况积极推进农村土地承包经营权的合法流转，大力推行农村土地股份制生产经营模式，鼓励从事非农经营的农民转让出土地，实现提高农业土地利用效率及农业土地承包权的合法流转，形成农业规模化、产业化的经营格局，使粮食生产主体功能区补偿机制的作用能够得到更好的发挥。

8.3　本章小结

本章通过构建补偿机制运行效果系统动力学模型对补偿机制的运行效果进行了仿真模拟，黑龙江省粮食生产主体功能区补偿机制的运行能够实现粮食增产、农民增收、粮食综合生产能力提升及农业可持续发展。同时，本章从思想保障、法律保障、监管保障、资金保障及配套保障五个角度出发探讨了黑龙江省粮食生产主体功能区补偿机制运行的保障措施，具体包括将补偿思想融入粮食生产主体功能区规划、健全保障补偿机制运行的法律法规、强化财政监督管理、注重财政绩效评价、推进政府预算公开、拓展投融资渠道、完善政策性农业保险、积极争取政策支持、规范农业生产资料市场、加大支农科技投入力度、完善农地流转等方面。

9 基于补偿机制的黑龙江省粮食生产主体功能区发展战略

9.1 发展战略制定的原则

9.1.1 创新发展理念

根据党的十九大部署，当前黑龙江省粮食生产主体功能区要深刻认识和准确把握新发展理念精髓，提高贯彻落实的能力和水平，围绕困扰黑龙江省粮食生产主体功能区发展的重大问题和症结，找准短板，精准发力，凝神聚力，在主攻方向、重要领域、关键环节上奋力实现新突破。

要明确发展的前提是创新驱动。抓创新就是抓发展，谋创新就是谋未来。黑龙江省粮食生产主体功能区要把创新摆在第一位，因为创新是引领发展的第一动力，只有创新才会有出路。

要明确发展的根基是人民为重。黑龙江省粮食生产主体功能区要坚持人本理念，着力践行以人民为中心的发展思想，坚持发展成果与人民共享，从顶层设计到"最后一公里"落地，都必须要紧密结合人民的意愿和实践来不断取得新成效。

要明确发展的方式是整体协调。黑龙江省粮食生产主体功能区在发展实践中，必须要增强发展的整体性协调性，在发展中统筹兼顾、适当安排。

要明确发展的最终目的是和谐进步。黑龙江省粮食生产主体功能区要着力推进人与自然和谐共生，坚持绿色发展、可持续发展，最终实现人与自然和谐共生、经济发展与社会进步有机统一。

9.1.2 优化空间发展

黑龙江省粮食生产主体功能区要按照"生产发展、生活富裕、生态良好"的要求，调整优化粮食生产主体功能区的空间结构，合理控制开发强度，提高空间利用效率。

优化农业生产空间。引导农业产业向生产要素配置较好的地区集中，实现产业集聚发展，稳定全省耕地总面积，确保基本农田数量不减少、用途不改变、质量不降低。

优化人民生活空间。扩大黑龙江省粮食生产主体功能区居住、公共设施和绿地等空间；增加农村公共设施空间，把控农村人口向城市转移的规模和速度。

优化生态发展空间。增加粮食生产主体功能区生态产品供给，把保护水面、湿地、林地和草地放到与保护耕地同等重要位置，工业化、城镇化开发要与资源环境承载能力相适应，严禁损害生态环境的各类开发活动，充分考虑农业开发对自然生态系统的影响，积极发挥农业的生态功能，形成国家和黑龙江省重要的生态屏障。

9.1.3 加强政策引领

黑龙江省粮食生产主体功能区要引导粮食产业相对集聚发展，人口相对集中居住，走空间集约发展道路，提高土地、水、矿产等资源的利用效率，增强可持续发展能力。要按照"人口、经济、资源环境相协调和统筹城乡发展、统筹区域发展"的要求进行开发，促进人口、经济、资源环境的空间均衡。

根据重点开发区域、限制开发区域和禁止开发区域的主体功能，黑龙江省粮食生产主体功能区要逐步完善公共财政和转移支付体系，实行按功能区和领域相结合的投资政策，促进产业政策的区域化，实施符合主体功能区定位的土地政策、人口管理政策和环境保护政策等区域政策。

黑龙江省粮食生产主体功能区要完善评价指标和绩效考核标准，按照不同区域主体功能定位，实行各有侧重绩效评价和考核办法，引导各级政府按照粮食生产主体功能区的定位履行职责。

9.1.4 保障粮食安全

在当前中美贸易战及全球经济形势的影响下，粮食安全问题也提上了重要议事日程。不论发达国家还是发展中家，都十分重视粮食安全问题，并采取一系列适合本国国情的粮食安全政策和措施。由于我国"人增、地减、消费水平提高"的趋势不可逆转，粮食综合生产能力及其供需平衡关系面临着考验。同时，工业化、城市化进程加快，人地矛盾加剧，耕地资源减少以及由于粮食种植业比较效益不高，农业结构调整"压粮扩经"，导致粮食产量呈现下降的趋势，面对当前全球范围的粮食库存降低、生物质能源的发展，进一步加大了粮食安全的威胁。因此，对于肩负我国粮食安全重任的黑龙江省粮食生产主体功能区来说，一定要重视保护耕地资源、保护粮食的综合生产能力、确保国家和各级政府促进粮食增产和农民增收政策措施的落实到位、确保粮食生产的稳定增长，实现国家粮食安全。

9.2　发展战略制定的目标

科学的发展战略目标是保障黑龙江省粮食生产主体功能区可持续发展的重要保障。基于此，结合黑龙江省粮食生产主体功能区规划实际，本书主要从短期、中期、长期视域来分析，并将时间节点限定在以下三方面。

9.2.1　短期目标（2020 年以前）

结合《黑龙江省国民经济和社会发展第十三个五年规划纲要》，黑龙江省粮食生产主体功能区到 2020 年底要前基本形成，主要体现在以下几点：

（1）弥补粮食生产主体功能区利益流失。黑龙江省粮食生产主体功能区应弥补粮食生产主体功能区政府的财政收入损失，弥补黑龙江省粮食生产主体功能区政府的农业发展资金损失，同时，应进一步加大黑龙江省粮食生产主体功能区各项支持力度，减小粮食生产主体功能区各项资金的配套额度。

（2）为黑龙江省粮食生产主体功能区发展注入动力。通过制定相关政策、措施，激活黑龙江省粮食生产主体功能区的经济，给予积极的政策引导和资金支持。

（3）提高黑龙江省粮食生产主体功能区政府与农户的种粮积极性。黑龙江省粮食生产主体功能区应有意识地针对保护政府与农户的种粮积极性制定相应政策。

（4）实现黑龙江省粮食生产主体功能区规模化粮食生产，实现农民大幅增收。黑龙江省粮食生产主体功能区应从扩大农民土地经营规模入手，提高劳动生产效率，增加粮食的总收入水平。

9.2.2　中期目标（2021～2035 年）

在党的十九大上提出，到建党 100 年时建成经济更加发展、民主更加健全、科教更加进步、文化更加繁荣、社会更加和谐、人民生活更加殷实的小康社会。到那时，我国经济实力、科技实力将大幅跃升，跻身创新型国家前列；人民平等参与、平等发展权利得到充分保障，法治国家、法治政府、法治社会基本建成，各方面制度更加完善，国家治理体系和治理能力现代化基本实现；社会文明程度达到新的高度，国家文化软实力显著增强，中华文化影响更加广泛深入；人民生活更为宽裕，中等收入群体比例明显提高，城乡区域发展差距和居民生活水平差距显著缩小，基本公共服务均等化基本实现，全体人民共同富裕迈出坚实步伐；现代社会治理格局基本形成，社会充满活力又和谐有序；生态环境根本好转，美丽中国目标基本实现①。黑龙江省粮食生产主体功能区 2021~2035 年目标要同步体现在：

（1）经济综合实力实现新跨越。保持国民经济中高速增长，到 2035 年地区生产总值和城乡居民人均收入比 2020 年翻两番，地区生产总值年均增长 6% 以上，城乡居民收入增长与经济增长基本同步。

（2）发展动能转换和经济结构优化升级。实施创新驱动和科技成果产业化取得重大成效。用全新体制机制高标准建设粮食生产主体功能区，充分利用国内国际两大市场，推进黑龙江省粮食生产主体功能区基本实现农业现代化。

（3）农业生态文明建设取得显著成效。绿色发展理念牢固确立，形成全方位的绿色农业发展方式和生活方式，绿色农业生态成为社会新常态。

9.2.3　长期目标（2036~2050 年）

（1）优化国土空间开发格局，调整空间结构，给农业留下更多良田。全面推进黑龙江省国土主体功能区战略，宜工则工，宜农则农，宜粮则粮，宜草则草，实施生态和粮食生产主体功能区利益补偿机制，构建科学合理的城市化格局、农业发展格局、生态安全格局。

（2）按照环境承载能力、区域差异化协同发展模式，坚持生态就是生产力。充分发挥黑龙江省绿色生态农业最大优势，建立健全绿色农业生态产品价值实现机制，挖掘绿色农业生态产品价值，引领黑龙江省粮食生产主体功能区进入农业现代化区域行列。

9.3　基于补偿机制的黑龙江省粮食生产主体功能区发展战略框架

对于黑龙江省粮食生产主体功能区发展战略来说，在当前补偿机制视域下，

---

① 参见党的十九大报告。

结合国家、黑龙江省"十三五"发展规划及国家东北振兴战略，在坚持问题导向和发展导向的基础上，黑龙江省粮食生产主体功能区要从理念到行动、从省内到省外、从国内到国外，建立起具有可持续发展的战略框架体系。

9.3.1 推进农业现代化发展

黑龙江省粮食生产主体功能区要在创新实施《黑龙江省"两大平原"现代农业综合配套改革试验总体实施方案》，在提高国家粮食安全保障能力的基础上，注重提高品质、降低成本、增强竞争力，推动农业发展方式从数量向数量质量并重转变，打造国家现代农业生产基地，建设农业强省。

优化农业结构。按照粮经饲统筹、农林牧渔结合、种养一体的思路，加快构建现代农业生产体系。坚持市场需求导向，优化种植业结构。加快发展畜牧业，实现规模化养殖、标准化生产、产业化经营、社会化服务的现代畜牧业生产体系。拓展农业多种功能，挖掘农业生态价值、休闲价值、文化价值，推进农业与旅游休闲、教育文化、健康养生等深度融合，因地制宜发展观光农业、体验农业、创意农业等新业态。

发展绿色农业。扩大绿色食品种植面积，建设全国最大、优质安全的绿色、有机农产品生产基地。健全支持政策，实施减化肥、减农药、减除草剂"三减"，鼓励使用有机肥和绿肥、生物农药，开展农业化学投入用品零施用示范项目和黑土地保护示范项目，普及推广生态耕作模式。

完善农业科技创新服务平台，构建以政府公共服务机构为依托、社会力量参与的多元化农业科技创新服务体系。实施"互联网＋"农业，加快扩大物联网整体测控、现代大农机精准定位及高效配置、智能化节水等精准生产技术及方式应用面积。探索推广农产品、畜产品全生产过程展示营销、网上专卖营销、种植环境的远距离视频体验式营销等多种互联网营销新模式。

9.3.2 集中有效资源形成定位清晰的开发格局

作为补偿机制组成部分之一的利益补偿机制由于受到补偿资金额度等客观因素的影响，若要使其能够充分发挥作用，以及实现效用最大化，需要将各类有效资源向核心产区集中，在黑龙江省粮食生产主体功能区内形成定位清晰的开发格局，重点建设现代化粮食生产基地、农产品深加工区及农业综合开发试验区。

（1）建设现代化粮食生产基地。为了保障国家粮食安全，提高黑龙江省粮食生产主体功能区的粮食综合生产能力，并依托动态补偿机制实现现代化农业未来发展的农田机电化、全面良种化、耕法生态化、水利现代化、施肥科学化、农业标准化、服务社会化、农业信息化、抗灾程序化、管理现代化的目标，应充分考虑环境资源禀赋、农业生产现有条件及潜在的粮食增产能力等因素，引导优质粮食生产向核心区集中，培育优势产业带，优化粮食区域布局。可以在黑龙江省粮食生产主体功能区内选择一部分有基础、有潜力的粮食大县和国有农场，改善其农业基础条件，增加农业科学技术投入，强化农业服务功能，提升农业机械化水平和加工转化能力，提高粮食综合生产能力，建设高起点的现代化粮食生产基地。同时，在最大限度保护农业生态的前提下，积极建设一批具有资源优势和粮食增产能力的后备现代化粮食生产基地。

通过现代化粮食生产基地的建设，能够有效提高粮食综合生产能力，包括最基本的农田粮食产出能力、农田基础设施（重点是指农田水利设施）抗灾减灾能力、支持粮食产业发展的科技能力、保障多品种粮食的供给能力、绿色优质粮食的市场竞争能力、进行粮食加工转化的增值能力及粮食生产可持续发展能力。

（2）建设农产品深加工区。积极建设农产品深加工区，大力发展以粮食产地加工转化为代表的农产品加工业及粮食深加工项目，并加大绿色农产品的开发力度。由于粮食加工产业是粮食再生产过程的重要环节和基础性行业，是农产品加工业的重要组成部分，是促进粮食商品流通、发展县域经济和提高人民生活质量的重要标志，在促进粮食经济增长、带动关联行业和推进农业产业化等方面发挥着重要作用。因此，黑龙江省粮食生产主体功能区应优先利用独特的原粮优势发展粮食产地加工转化，采取"公司＋基地＋农户"的产业化模式，不仅可以优化粮食品种结构，延伸粮食产业链，提升粮食产品附加值，让农民得到加工环节的效益，而且能够推动粮食生产主体功能区走循环农业发展之路。

（3）建设农业综合开发试验区。建设农业综合开发试验区是破解现代农业发展过程中资金投入不足、科学技术推广较难、组织化程度偏低等难题的有效途径，并能够促进农业增效及农民增收。在建设农业综合开发试验区的过程中，应着力建设粮食高产示范田和农业高效示范园，充分发挥其示范、辐射、带动作用。依据"合理规划、综合配套、稳定面积、主攻单产"的原则，整合资源、落实政策，以乡镇为单位创建高标准永久性粮田，实行统一供种、统一供肥、统一机耕机耙、统一病虫害防治、统一测土配方施肥。

黑龙江省具有大平原、大江河、土地多、灾情少、粮食产量波动小等有益于粮食生产的优势，应该重点支持建设农业综合开发试验区。具体而言，重点支持建设以嫩江平原及三江平原两大平原为依托的国家级现代化农业综合开发试验区，加快建设"两江一湖"即黑龙江、乌苏里江及兴凯湖农业综合开发试验区。同时，充分发挥农垦现代化农业示范带动作用，建设黑龙江垦区国家级现代化农业示范区。

9.3.3 增强农业生态安全实现农业可持续发展

作为补偿机制组成部分之一的农业生态补偿机制能够对生态农业发展模式提供补偿，但为了使农业生态补偿机制的长期目标能够实现，应以农业生态补偿机制为基础，增强农业生态安全，实现黑龙江省粮食生产主体功能区的农业可持续发展。

（1）推进生态农业产业化经营。生态农业产业化是指以市场为导向，以农业的生态化为前提，以优质、安全、无公害的农产品为主导，充分发挥当地生态、区位及产品的比较优势，构建的多层面网状农业产业体系，以期在农业生态环境良性循环的基础上，使农业综合生产能力得以提高，实现农业生态效益、农村经济效益及社会效益的协调统一，促进农业的可持续发展。

营造良好的生态农业产业化经营环境，为生态农业产业化经营奠定基础。首先，营造良好的社会环境。黑龙江省政府应在粮食生产主体功能区加大生态农业的宣传力度，使农民认识到发展生态农业能够实现农业增效及农民增收，同时，深入宣传绿色农产品的商业价值和市场潜力，充分调动农民参与生态农业生产的积极性。其次，提供良好的政策环境。通过农业生态补偿机制的构建，能够建立起有效的政策激励机制与政策保障体系，为农民从事生态农业生产提供基本动力。最后，打造良好的生态环境。通过加强以农田水利设施为核心的农业基础设施建设，减少水土流失，增加有机化肥使用量，加大农业生态环境质量监测力度及农业生态环境污染治理力度等方式，实现农业生产环境的全方位改善，为生态农业产业化经营提供有效的自然环境支持。

把握生态农业产业化经营的重点环节是生态农业产业化经营能够实施的关键。①科学合理规划生态农业发展格局、培育和扶持龙头企业。黑龙江省政府应根据"三区五带"的粮食生产主体功能区规划，根据不同区域所生产的粮食作物的特点合理规划生态农业发展格局，依据此格局引导、扶持和培育产业关联度大、技术装备水平高、经济实力雄厚、带动能力强的生态农业产业化经营龙头企业，并积极打造绿色农产品名牌，使其在国内外市场中占有一定的份额，实现生态农业产业化经营的有效推进。②因地制宜选择适合黑龙江省粮食生产主体功能区生态农业产业化发展的组织模式。根据实际情况，黑龙江省可以选择"龙头企业＋基地＋农民"的生态农业产业化发展的组织模式，即龙头企业通过租用农民的土地或承包大型农场的方式，建立企业的原料生产基地，并雇用农民按照企业的要求进行耕种，农民根据承包土地的数量、生产粮食的产量和质量获得相应的报酬，所生产的粮食归企业所有。③建立生态农业产业化的多元化投入体系。在所构建的农业生态补偿机制中已提出设立生态农业发展专项扶持资金，加大中央政府和地方政府对积极发展生态农业的农民的补偿力度。同时，在充分利用政府公共财政资金的基础上，应积极探索促进生态农业产业化发展的多元化投入方式，如引导企业和社会各界对生态农业产业化发展进行投入，鼓励农民以土地使用权、劳动力等形式为生态农业产业化提供投入，加大金融部门对生态农业建设项目的信贷支持力度。最终形成一个以政府生态农业产业化投入政策为导向，以政府公共财政资金投入为主体，大型企业、农民、农村经济组织投入及金融部门信贷扶持相结合的多元化投入体系。④建立和完善"风险共担、利益共享"的分配机制。由于生态农业产业化体现的是多元主体在共同利益上的联合，其本质是经济利益一体化，因此应本着"风险共担、利益共享"的原则，正确处理好多元参与主体之间的利益分配关系。

培育并规范绿色农产品市场，全面推进生态农业产业化经营。由于生态农业产业化经营是以市场为导向，根据市场所提供的供求及价格信息引导生态农业的生产、加工和销售，因此，黑龙江省政府应尽快形成有序的地方绿色农产品市场、区域绿色农产品市场，并通过不断拓展绿色农产品市场的范围拉动生态农业产业化的发展。同时，应加快质量监测体系和生态农业产业化信息服务网路建设，保障生态农业产业化组织按照市场的供需要求健康发展。

（2）建立生态农业技术保障体系。为了保障生态农业的可持续发展，需要建立生态农业技术保障体系。首先，建立和完善与生态农业发展有关的技术，包括生态农业评价指标、管理认证方法、环境友好技术、不同要素的时空优化组合技术、适宜物种的挑选与改良技术等；其次，制定相应的技术标准体系，如生产基地标准、生产技术标准体系和产品标准体系，实现生态农业标准化，用以指导和规范生态农业的生产、加工、经营销售等活动，以此达到提高生态农业产品的产量、质量的目的，为生态农业的建设和科学管理提供全方位的技术保障和支撑。

同时，应采取积极的措施实现生态农业技术的推广。在生态农业技术推广的过程中可以选择一部分条件成熟的应用型农业科研机构向生态农业生产领域拓展，实现生态农业技术的科研成果可以直接转化为现实的生产力，并用于指导生态农业发展，也可以鼓励相关企业参与到生态农业技术的研究过程中，使生态农业技术的研究、开发、推广及服务实现一体化的运转。

9.3.4 依托多元化手段促进粮食产业化发展

作为补偿机制组成部分之一的粮食生产发展保护补偿机制能够对粮食生产的发展起到有效的保护作用，但为了使粮食生产发展保护补偿机制的效果更为明显，实现黑龙江省粮食生产主体功能区粮食生产的可持续发展，应以粮食生产发展保护补偿机制为基础，依托多元化手段实现粮食产业化经营。

（1）完善粮食产业化经营体制。粮食产业化的实质是以市场需求为导向，以现代农业科学技术为支撑，以龙头企业为依托，选择绿色粮食品种进行专业化、社会化及企业化的生产、服务和管理，形成依托多元化手段的粮食一体化经营形式。粮食产业化经营可以有效地节约处于粮食产业链条中为农民服务的产前部门、产后部门及粮食生产之间的交易成本，提升粮食生产主体功能区的经济效益。

培育粮食产业化龙头企业，带动粮食产业化发展。龙头企业的培育是粮食产业化发展的关键，在龙头企业培育的过程中应合理布局，强化企业管理及企业自身建设。首先，应立足于黑龙江省粮食生产主体功能区的实际情况，制定切实可行的粮食产业化发展规划，选定具有代表性的绿色粮食产品，培育主导粮食产业链，对黑龙江省的粮食产业化龙头企业进行合理的规划和布局。其次，应加强对粮食产业化龙头企业的制度建设，全面提升龙头企业的管理水平及生产效益。最后，应强化粮食产业化龙头企业的自身建设，积极推行全员质量管理、民主化管理及产品成本管理。

健全粮食产业化社会服务体系，促进粮食产业化发展。全程化、专业化和系统化的社会化服务体系是粮食产业化能够顺利实施的必要保障。黑龙江省政府应不断理顺管理体制，正确处理粮食产业化经营过程中各相关利益主体间的关系，加快建设农业社会化服务网络，大力支持并鼓励农民组建农业专业化合作社、农业专业技术协会等能够提供自我服务的组织，形成多层次、多元化且自上而下、功能齐备的粮食产业化社会服务体系，为粮食产业化经营提供高效服务。

推进优质粮食产业工程建设，拉动粮食产业化发展。黑龙江省粮食生产主体功能区可以通过采取推进用于生产粮食作物的农田基础设施建设，借助优质专用良种的推广实现粮食品种的改善和质量的提升，最大限度地延长粮食产业链等综合性措施，积极打造具有"品牌优势"的绿色粮食产业工程，如五常大米、肇源县古龙贡米等，推进优质粮食产业工程建设，全面提升粮食产业的核心竞争力。

（2）健全农业科技支撑体系。粮食产业化经营必须以科学技术的进步为先导，要将科技进步贯穿于粮食生产的各个环节，依托农业科技进步实现农业增长方式的转变，实现粮食的产业化经营。

建立农业科技教育培训体系，培养新型农民，保障粮食产业化发展。黑龙江省粮食生产主体功能区应与粮食产业化进程相结合，大力发展农村职业教育和各种形式的教育培训，重点开展农业新科技、新知识、农业现代信息技术等实用技术培训，提高农民素质，切实转变农民的传统观念，引导农民掌握农业科学技术，培养一批有文化、懂技术、善经营、会管理的新型农民。

加强对农业科技的投入力度，增强农业科技的自主创新能力，策动粮食产业化发展。首先，重视农业科技的人才培养，建立完善的农业人才培养及奖励机制，强调在实践中促使农业人才的农业科技水平不断提升，并积极鼓励农业科技人员进行农业技术承包、农业技术服务和兴办农业科研生产经营实体，实现农业科技成果的快速转化。其次，黑龙江省粮食生产主体功能区应根据省内粮食产业链的实际情况，设立农业科技专家服务团队，保证每条不同的粮食产业链都能有一个完整的农业科技专家服务体系，为粮食产业链的发展提供有效的科学技术支持。最后，完善农业科技的推广机制，通过对农业技术人员进行农业科技推广培训，建立多元化的农业科技推广平台，加大农业科技推广力度及提升农业科技成果转化为现实农业生产力、促进粮食产业化发展的能力。

（3）加强农产品市场体系建设。开拓农产品流通渠道，驱动粮食产业化发展。首先，构建"农产品市场平台"，增强流通功能。①加强农产品流通基础设施建设，改善农产品交易条件。②培育和发展新型流通企业，实现产销对接。③创新农产品批发市场管理方式。按照现代农产品流通业态的管理要求，及时对现有农产品市场进行升级改造，积极引导农产品市场开展网上交易、订单交易和电子统一结算业务，实现农产品市场与现代流通业态的有效对接。其次，构建"农产品信息平台"，强化流通途径。应加强农产品信息网络建设信息发布平台建设，使农民及交易者能够随时且准确地获取农产品的价格、生产、库存等方面的信息，并能够对农产品中长期市场情况进行预测分析，引导农民按照市场需求调整农产品供给结构，促进农产品增产增值，实现农产品市场的平稳运行。最后，大力支持农产品物流体系建设。以支持"农超对接"等农产品产销衔接工程及农产品错峰冷藏建设工程为载体，以大市场、大流通为导向，科学规划设计，集中支持建设农产品流通大市场项目，同时，创新商务运作模式，完善城乡现代化市场流通体系，保证市场供应。

实施绿色农产品品牌战略，积极进行市场营销，助力粮食产业化发展。黑龙江省具有发展绿色农产品的条件和潜力，应加大绿色农产品品牌战略的实施力度，推动黑龙江省粮食产业化发展。首先，积极引导黑龙江省绿色农产品企业实施地理标识与产品标识相结合的组合品牌策略，鼓励绿色农产品企业申请认证绿色农产品、有机农产品，以提升市场竞争力及产品知名度。其次，构建多营销渠道并进的网络化绿色农产品营销渠道，实现绿色农产品的快速营销。最后，加强绿色农产品促销平台建设，加大黑龙江省绿色农产品的宣传力度，提升其在国内外市场上的影响力。

（4）创新实施"两大平原"现代农业综合配套改革试验。坚持通过生产关系变革提高农业生产力水平和增加农民收入的改革总目标,全面完成"两大平原"现代农业综合配套改革试验任务。创新培育新型农业经营主体,规范发展农民合作组织、专业大户、家庭农场和农业企业,注重合作社由生产主体向全方位经营主体的转变,引导鼓励新型农业经营主体,完善种养加、产供销、贸工农一体化合作机制,探索抵御市场风险的经营模式。深化农村土地管理制度改革,探索农村土地征收、经营性建设用地入市、宅基地制度改革途径和形式,开展农村集体经营性建设用地入市试点,引导土地流转和规模化经营。统筹整合涉农资金,开展调整和优化农业补贴政策改革试点。创新农村金融保险服务,开发金融产品,增加金融机构,提高融资便利性,降低融资成本;完善农业保险制度,开发多元化保险产品。全面落实各项支农惠农政策,建立农业投入增长机制,完善粮食收储、生态补偿、政策性补贴机制,创新农产品价格形成机制。

9.4 本章小结

本章基于补偿机制,提出了黑龙江省粮食生产主体功能区的发展战略。首先,提出了战略制定的原则,即在战略制定过程中应遵守创新发展理念、优化空间发展、加强政策引领、保障粮食安全的原则,按照短期目标、中期目标和长期目标的发展规律,从集中有效资源形成定位清晰的开发格局,增强农业生态安全实现农业可持续发展,依托多元化手段促进粮食产业化发展的角度出发,形成基于补偿机制的黑龙江省粮食生产主体功能区发展战略。

结　　论

粮食生产主体功能区的发展对维护国家粮食安全、促进区域平衡发展起到了重要的作用。有效的补偿机制将能够有效协调粮食生产主体功能区粮食生产的现实矛盾，建立稳定的粮食可持续发展格局，提升粮食综合生产能力，确保粮食增产，带动农民增收，实现区域经济和农业的可持续发展，主动适应经济发展新常态，落实稳粮增收、提质增效、创新驱动的总要求。因此，建立适合粮食生产主体功能区发展的补偿机制尤为重要。

本书在梳理和分析现有发展粮食生产主体功能区及实施粮食生产主体功能区补偿的相关理论的基础上，结合黑龙江省粮食生产主体功能区补偿的现状，分析并阐述了构建黑龙江省粮食生产主体功能区补偿机制的必要性、作用机理、影响因素及发展战略，重点研究了黑龙江省粮食生产主体功能区补偿机制的构建思路、基本框架、运行效果的仿真模拟及保障运行的措施。通过本书的研究工作主要得出如下结论：

（1）黑龙江省粮食生产主体功能区的补偿政策在粮食增产、农民增收、农业生态改善和粮食生产发展保护等方面取得了一定的成效，但也存在着粮食补贴增长额度偏少，粮食补贴发放依据设定不尽合理，农田水利设施建设资金投入不足，退耕还林政策在实施的过程中补偿主体、补偿标准、补偿方式较为单一固定，粮食生产保护政策缺少有效的动态调整，粮食风险资金筹集渠道单一，产销区缺少利益横向协调机制等急需解决的问题。

（2）建立适合黑龙江省粮食生产主体功能区发展的补偿机制是十分必要的。从演化博弈分析结果和现实依据角度来看，为保障国家粮食安全、促进地区经济增长、实现粮食生产外部性的合理补偿及适应粮食供给的特殊性需要建立适合黑龙江省粮食生产主体功能区的补偿机制。

（3）构建的黑龙江省粮食生产主体功能区补偿机制应由粮食利益补偿机制、农业生态补偿机制及粮食生产发展保护补偿机制三方面构成，强调补偿的动态化。补偿机制首先应研究各补偿机制内部的构成要素，构成要素之间相互影响、相互作用的规律及各补偿机制的运行方式、运行途径，其次应研究三个补偿机制之间的协调关系。

黑龙江省粮食生产主体功能区补偿机制的构建应定位于在短期内补偿机制的实施主要是为了实现粮食总产量的持续稳定增长、种粮农民收入实质性提高；在长期内则是在短期目标的基础上实现黑龙江省农业的可持续发展，提升地区经济发展水平，促进社会和谐稳定，保障国家粮食安全。补偿机制构建过程中应遵循政府主导及多方参与、兼顾效率与公平，以及需要和现实相结合的原则。补偿机制应融合粮食利益补偿机制、农业生态补偿机制及粮食生产发展保护补偿机制，设定补偿的主体和客体、补偿的依据、补偿的范围和途径、补偿的方式、补偿的资金来源、补偿机制的运行。其中，粮食利益补偿机制将原有的"四补"融合为一体形成新的动态粮食补偿基金；农业生态补偿机制中的农业生态补偿分为直接补偿和间接补偿，直接补偿包括对进行治理和恢复已遭受破坏的农业生态环境的行为给予补偿及对进行预防和保护已面临破坏威胁的农业生态环境的行为给予补偿，间接补偿表现为有利于农业生态保护及恢复的投入；粮食生产发展保护补偿机制采取推行粮食目标价格、设立粮食生产奖励资金及现代农业生产发展资金、建立粮食生产保险及加强粮食产销区互助等补偿方式。

（4）用于补偿机制仿真模拟运行的补偿机制系统动力学模型，能够实现对所构建的补偿机制的运行效果进行评价。通过分析所选定的各因素之间的因果关系，绘制流图，构建各因素方程及参数，并建立起补偿机制运行效果系统动力学模型。在模型的仿真模拟运行过程中，可以发现所构建的补偿机制的运行能够实现粮食增产、农民增收、粮食综合生产能力提升以及农业可持续发展，因此，所构建的补偿机制是可行的。

（5）为保障黑龙江省粮食生产主体功能区的补偿机制能够更好地发挥作用，同时应从思想保障、法律保障、监管保障、资金保障及配套保障等方面入手，为补偿机制的实施提供良好的保障措施。在思想保障方面，应将补偿思想融入粮食生产主体功能区规划中；在法律保障方面，应健全保障补偿机制运行的法律法规；在监管保障方面，应强化财政监督管理、注重财政绩效评价及推进政府预算公开，具体包括建立财政监督管理组织体系，提高财政监督管理人员素质，完善财政监督管理法律和制度；在资金保障方面，应依托金融手段形成有效的资金保障，具体包括拓展融资渠道、完善政策性农业保险；在配套保障方面，应完善配套支持体系，具体包括积极争取政策支持、规范农业生产资料市场、加大支农科技投入力度及实施农业土地制度改革。

（6）从集中有效资源形成定位清晰的开发格局、增强农业生态安全、实现农业可持续发展、依托多元化手段促进粮食产业化发展的角度出发，形成基于补偿机制的黑龙江省粮食生产主体功能区发展战略。

　　由于时间和水平有限，仍存在许多不足之处。如仅论述了所构建的黑龙江省粮食生产主体功能区补偿机制在理论上的可行性，还需在实践中检验和细化，同时在某些具体方面还需在今后的学习和工作中进一步研究、探讨。

参考文献

[1] Atsushi, Iimi. Decentralization and Economic Growth Revisited: An Empirical Note [J]. Journal of Urban Economics, 2005 (57): 449 – 461.

[2] Band Iassussan, Siva Ram Vemur. Telecommunications Infrastructure Facilitating Sustainable Development of Rural and Remote Communities in Northern Australia [J]. Telecommunications Policy, 2005, 2 (3): 237 – 249.

[3] Barrett. Food Security and Food Assistance Programs [J]. Agricultural Economics, 2012 (5): 88 – 93.

[4] Bigman. Food Policies and Food Security under Instability: Modelling and Analysis [J]. Food Policy, 2009 (7): 56 – 62.

[5] Casanueva. Transfer of Technological Knowledge a Multiple Case Study in the Pharmaceutical Industry [J]. California Management Review, 1998.

[6] Coggburn J. D. , Sehneider S. K. The Quality of Management and Government Performance: An Empirical Analysis of the American States [J]. Public Administration Review, 2003 (3).

[7] Crescenzo, Karl Meilke. Regionalism and Trade in Agrifood Products [J]. National Institute of Agricultural Economics University of Bari (Italy), 2009.

[8] Duran. System Dynamics Urban Sustainability Model for Puerto Aura in Puebla Mexico [J]. System Practice and Action Research, 2009 (2): 77 – 99.

[9] Fred Gale, Bryan Lohmar, Francis Tuan. China's New Farm Subsidies [J]. Economic Research Service of USDA, 2005 (2): 25 – 30.

[10] Gardner. Globalization and Challenges for Small Holders [J]. Journal of Nanjing Agricultural University (Social Sciences Edition), 2002 (2): 8 – 21.

[11] Gold S. System-dynamics-based Modeling of Business Simulation Algorithms [J]. Simulation & Gaming, 2005 (2): 203.

[12] Hirschman. A O. Investment Policies and "Dualism" in under Developed

Countries [J]. American Economic Review, 1957 (47): 550 – 570.

[13] Hoover E. M. , Fisher J. Research in Regional Economic Growth: Problems in the Study of Economic Growth [J]. Journal of Urban Economics, 2009 (3): 15 – 17.

[14] James Macdonald, Robert Hoppe. Growing Farm Size and the Distribution of Farm Payments [J]. Economic Research Service, 2006 (3): 21 – 27.

[15] Jing Zhu. Public Investment and Economic Chinese Long-term Food Security under WTO [J]. Food Policy, 2004 (29): 99 – 111.

[16] Joint Ore. Australasian Code for Reporting of Exploration Results [J]. Mineral Resources and Ore Reserves, 2017, 22 (10): 29 – 33.

[17] Kabisch N. , Haase D. Green Justice or Just Green? Provision of Urban Green Spaces in Berlin, Germany [J]. Landscape & Urban Planning, 2014, 122 (2): 129 – 139.

[18] Mary Habib-Tofailli. Essays on the Economics of Fiscal Policy in Developing Countries [J]. Doctoral Dissertation of American University, 2006 (7) .

[19] Mary Keeney. The Distributional Impact of Direct Payments on Irish Farm Incomes [J]. Journal of Agricultural Economics, 2000, 51 (2): 252 – 263.

[20] Mattingly. Spatial Planning for Urban Infrastructure Investment: A Guide to Training and Practice [J]. Development Planning Unit, 2010.

[21] Michael Greenberg. Brown Field Redevelopment as a Smart Growth Option in the United States [J]. The Environment, 2001, 21 (3): 129 – 143.

[22] Morton Rothstein. Centralizing Firms and Spreading Markets: The World of International Grain Traders (1846 – 1914) [J]. Business and Economic History, 1988 (7) .

[23] Nigel Key, Michael J. Roberts. Commodity Payments, farm Business Survival and Farm Size Growth [J] . USDA Economic Research Report, 2007, 51 (11) .

[24] Petit, Michael. Determinants of Agriculture Policies in the United States and the European Community [J]. International Food Policy Research Institute Research, 2010 (11): 51 – 53.

[25] Register, Peeks. Village Wisdom Future City [J]. The Third International Ecocity Ecovillage Conference, 1996, 3 (12): 204 – 205.

[26] Robert Hoppe. The Importance of Farm Program Payments to Farm Households [J]. Amber Waves, 2012, 5 (3): 16 – 23.

[27] Rozell S. , J. Huang. Impacts of Trade and Investment Liberalization Policy

on China's Rural Economy [R]. OECD Working Paper, 2004 (5): 26 – 32.

[28] Shikha Jha. Food Inventory Policies under Liberalized Trade [J]. International Journal of Production Economics, 2001 (3): 21 – 29.

[29] Smtih. The Geography and Causes of food Insecurity in Developing Countries [J]. Agricultural Economics, 2000 (22): 199 – 215.

[30] S. Holden, B. Shiferaw. Land Degradation, Drought and Food Security in a Less-favoured Area: A Bio – e – conomic Model with Market Imperfections [J]. Agricultural Economics, 2004 (30): 31 – 49.

[31] William Wilson. Fundamental Factors Affecting World Grain Trade in the Next Two Decades [J]. Agribusiness & Applied Economics Report, 2005 (5).

[32] 埃比尼泽·霍华德. 明日的田园城市 [M]. 北京：商务印书馆，2000: 17 – 25.

[33] 安树伟，吉新峰，王思薇. 主体功能区建设中区域利益的协调机制与实现途径研究 [J]. 甘肃社会科学，2010 (2): 85 – 87.

[34] 白燕. 主体功能区建设与财政生态补偿研究——以安徽省为例 [J]. 环境科学与管理，2010 (1): 155 – 158 + 194.

[35] 包振娟，罗光华，贾云鹏. 主体功能区建设的配套政策研究 [J]. 经济纵横，2008 (5): 22 – 24.

[36] 鲍超，梁广林，张箫. 我国城市群环境分区管治的主要问题与对策建议 [J]. 环境保护，2015, 43 (23): 35 – 38.

[37] 蔡建文. 中国还会有粮荒吗 [J]. 记者观察，2004 (1): 5 – 7.

[38] 蔡军，李晓燕. 以主体权益为导向完善我国生态补偿机制 [J]. 经济体制改革，2016 (5): 30 – 34.

[39] 蔡雪雄，李倩. 中国粮食主销区的粮食生产安全问题研究 [J]. 亚太经济，2018 (5): 130 – 136.

[40] 曹芳. 粮食主产区粮食补贴改革研究——以江苏省的调查为例 [J]. 南京师范大学学报（社会科学版），2005 (3): 40 – 44.

[41] 车冰清，朱传耿，李敏. 基于主体功能区布局的区域经济合作模式探析 [J]. 现代经济探讨，2008 (11): 89 – 92.

[42] 陈波，黄宁阳，王雅鹏. 关于对粮食主产区农民直接补贴问题的思考 [J]. 农村经济，2004 (4): 19 – 21.

[43] 陈赫男. 鲁中南山地小流域农林牧优化结构调控系统动力学仿真模型 [J]. 中国水土保持，2010 (5): 54 – 57.

[44] 陈坚. 对新时期我国泵站工程某些问题的再认识 [J]. 中国农村水利

水电, 2004 (4): 71-72.

[45] 陈儒, 姜志德, 赵凯. 低碳视角下农业生态补偿的激励有效性 [J]. 西北农林科技大学学报 (社会科学版), 2018, 18 (5): 146-154.

[46] 陈儒, 姜志德. 农户低碳农业生产生态补偿标准研究 [J]. 干旱区资源与环境, 2018, 32 (9): 63-70.

[47] 陈潇潇, 朱传耿. 试论主体功能区对我国区域管理的影响 [J]. 经济问题探索, 2006 (12): 21-25.

[48] 程克群, 王晓辉, 潘成荣, 汪国良. 安徽省推进形成主体功能区的环境政策研究 [J]. 生态经济, 2009 (6): 41-44+51.

[49] 董小君. 主体功能区建设的"公平"缺失与生态补偿机制 [J]. 国家行政学院学报, 2009 (1): 38-41.

[50] 杜栋. 现代综合评价方法与案例精选 [M]. 北京: 清华大学出版社, 2005: 111-115.

[51] 杜黎明. 基于主体功能区建设的经济发展方式转变研究 [J]. 贵州师范大学学报 (社会科学版), 2009 (2): 20-26.

[52] 樊杰. 主体功能区战略与优化国土开发格局 [J]. 中国科学院院刊, 2013, 27 (2): 193-206.

[53] 樊琦, 祁迪, 李霜. 玉米临时收储制度的改革与转型研究 [J]. 农业经济问题, 2016, 37 (8): 74-81+111.

[54] 费佐兰, 王有国, 郭翔宇. 产粮大县奖励政策实施的效果评价——以黑龙江省为例 [J]. 农村经济, 2016 (5): 35-41.

[55] 冯德显, 张莉, 杨瑞霞, 赵永江. 基于人地关系理论的河南省主体功能区规划研究 [J]. 地域研究与开发, 2008, 27 (2): 1-5.

[56] 高帆. 中国粮食安全的测度: 一个指标体系 [J]. 经济理论与经济管理, 2005 (12): 5-10.

[57] 高峻. 资源有效开发利用与可持续发展 [D]. 武汉: 武汉大学硕士学位论文, 2004.

[58] 高鸣, 宋洪远, Michael Carter. 粮食直接补贴对不同经营规模农户小麦生产率的影响——基于全国农村固定观察点农户数据 [J]. 中国农村经济, 2016 (8): 56-69.

[59] 高帅, 王征兵. 粮食全要素生产率增长及收敛分析——以陕西省 32 个产粮大县为例 [J]. 中国科技论坛, 2012 (10): 138-143.

[60] 高新才, 王云峰. 主体功能区补偿机制市场化: 生态服务交易视角 [J]. 经济问题探索, 2010 (6): 72-76.

［61］高玉强，贺伊琦．我国粮食主产区粮食直补效率研究［J］．中南财经政法大学学报，2010（4）：118－123．

［62］葛巧红．关于建立粮食安全长效机制的对策研究［D］．天津：天津大学硕士学位论文，2005．

［63］古南正皓，李世平．低碳农业补偿机制研究——以粮食种植为例［J］．人文杂志，2014（12）：125－128．

［64］顾莉丽，姚雅男．我国粮食主产区支持政策研究［J］．商业时代，2012（2）：122－123．

［65］管建波，谭研文．良种补贴对中国棉花生产效率的影响分析［J］．农业经济问题，2014（3）：36－46．

［66］郭碧銮，李双凤．农业生态补偿机制初探——基于外部性理论的视角［J］．福州党校学报，2010（4）：47－51．

［67］国家发展改革委宏观经济研究院国土地区研究所课题组．我国主体功能区划分及其分类政策初步研究［J］．宏观经济管理，2007（4）：3－10．

［68］韩德军，刘建忠，赵春艳．基于主体功能区规划的生态补偿关键问题探讨：一个博弈论视角［J］．林业经济，2011（7）：54－57．

［69］韩青，顾朝林，袁晓辉．城市总体规划与主体功能区规划管制空间研究［J］．城市规划，2011（10）：44－50．

［70］郝大江，黎映宸．集聚效应、配置效率与区域经济增长——主体功能区建设的理论探索［J］．河北经贸大学学报，2014，35（4）：65－70．

［71］郝大江．主体功能区形成机制研究——基于要素适宜度视角的分析［J］．经济学家，2012（6）：19－27．

［72］何伟，严立冬．绿色农业生态补偿的财政金融支持［J］．学术论坛，2012（4）：125－128．

［73］贺伟，朱善利．我国粮食托市收购政策研究［J］．中国软科学，2011（9）：10－17．

［74］贺伟．我国最低粮食收购价政策现状、问题及完善对策［J］．宏观经济研究，2010（10）：32－36．

［75］贺艳华，范曙光，周国华，唐承丽，彭鹏．基于主体功能区划的湖南省乡村转型发展评价［J］．地理科学进展，2018，37（5）：667－676．

［76］黑龙江省财政厅，省社会科学院，省农村财政研究会联合课题组．加快健全粮食主产区利益补偿机制的问题和建议［J］．农村财政与财务，2012（5）．

［77］胡小平，星焱．新形势下中国粮食安全的战略选择［J］．中国农村经

济，2012（1）：92－96.

[78] 胡月，崔国韬. 基于新时期黑龙江省水利发展的战略方向 [J]. 黑龙江水利科技，2012（12）：207－210.

[79] 胡岳岷，刘元胜. 中国粮食安全：价值维度与战略选择 [J]. 经济学家，2013（5）：50－56.

[80] 黄朝晓，叶芸. 加快主体功能区建设 推进广西北部湾经济区绿色发展 [J]. 经济研究参考，2017（59）：103－106.

[81] 黄春燕. 获取能力视角的微观粮食安全保障：一个文献综述 [J]. 经济问题探索，2013（1）：139－144.

[82] 黄季焜，王晓兵，智华勇，黄珠容. 粮食直补和农资综合补贴对农业生产的影响 [J]，农业经济，2011（1）：4－12.

[83] 吉新峰，安树伟. 主体功能区建设中区域利益的协调机制研究 [J]. 未来与发展，2009（11）：35－39.

[84] 贾贵浩. 城镇化背景下粮食主产区利益补偿问题研究 [J]. 宏观经济研究，2013（12）：18.

[85] 贾康. 推动我国主体功能区协调发展的财税政策 [J]. 经济学动态，2009（7）：54－58.

[86] 贾琳. 促进城乡统筹发展的财政政策研究 [D]. 哈尔滨：东北林业大学博士学位论文，2014.

[87] 蒋和平. 粮食政策实施及其效应波及：2013～2017 年 [J]. 改革，2018（2）：64－74.

[88] 蒋和平. 完善我国粮食主产区利益补偿的政策建议 [J]. 中国农业信息，2013（7）：12－14.

[89] 康锋莉. 建设主体功能区的财政政策分析 [J]. 广东商学院学报，2008（3）：56－60.

[90] 康涌泉. 基于粮食安全保障的粮食主产区利益补偿制度研究 [J]. 河南师范大学学报（哲学社会科学版），2013，40（4）：74－76.

[91] 亢霞. 我国产粮大县奖励资金存在的主要问题及有关政策建议——来自黑龙江省巴彦县、虎林市和海伦市的调研 [J]. 农村财政与财务，2012（9）：23－25.

[92] 雷玉桃，谢建春，王雅萍. 退耕还林与粮食安全协调机制浅析 [J]. 农业现代化研究，2003（5）：222－224.

[93] 李丰. 基于产销平衡视角的区域粮食安全保障体系研究 [J]. 江苏社会科学，2015（6）：50－56.

［94］李国祥．我国粮食价格形成机制沿革的历史回顾与探讨［J］.北京工商大学学报（社会科学版），2016，31（4）：14－23.

［95］李兰英．政府间转移支付的国际比较及借鉴［J］.财苑，2014（8）：6－64.

［96］李立清，江维国．我国粮食补贴政策体系优化研究——基于新型种粮主体培育视角［J］.现代经济探讨，2015（1）：38－42.

［97］李宁，辛毅，黎嘉家．中国粮食托市收购政策体系绩效评价研究——兼论粮食价格政策改革方向［J］.价格理论与实践，2017（3）：61－65.

［98］李双宝．构建以农发行为主导的农村金融投融资体制［J］.农业发展与金融，2006（7）：79－80.

［99］李为，周非飞，吴萨．转型期的国土空间优化：现状、需求与应对［J］.宏观经济管理，2018（10）：58－62.

［100］李宪坡．解析我国主体功能区划基本问题［J］.人文地理，2008（1）：20－24.

［101］李献波，李同升，郑艳霞，王镇中．政府市场双效运行机制与主体功能区建设［J］.科技管理研究，2009（3）：58－60.

［102］李晓燕．健全农业生态环境补偿制度研究［J］.农村经济，2015（11）：35－40.

［103］李颖，葛颜祥，刘爱华，梁勇．基于粮食作物碳汇功能的农业生态补偿机制研究［J］.农业经济问题，2014，35（10）：33－40.

［104］梁佳．土地政策参与宏观调控的政策工具研究——基于主体功能区建设的理论探索［J］.经济与管理，2013，27（4）：13－15.

［105］梁謇，王要武．粮食生产利益补偿机制系统检视与完善对策——以黑龙江为例［J］.黑龙江社会科学，2015（3）：70－75.

［106］廖晓慧，李松森．完善主体功能区生态补偿财政转移支付制度研究［J］.经济纵横，2016（1）：108－113.

［107］林红．黑龙江省农业生态补偿机制的创新与融合研究［J］.学术交流，2013（7）：89－92.

［108］林嵩．结构方程模型理论及其在管理研究中的应用［J］.科学学与科学技术管理，2006（2）：38－40.

［109］刘斌，王秀东．我国粮食"九连增"主要因素贡献浅析［J］.中国农业资源与区划，2013（4）：32－40.

［110］刘洁．健全农业生态环境补偿制度初探［J］.辽宁工程技术大学学报（社会科学版），2009，11（4）：346.

［111］刘克春. 粮食生产补贴政策对农户粮食种植决策行为的影响与作用机理分析——以江西省为例［J］. 中国农村经济，2010（2）：12-21.

［112］刘凌. 基于 AHP 的粮食安全评价指标体系研究［J］. 生产力研究，2007（15）：58-60.

［113］刘宁. 基于超效率 Output - DEA 模型的主产区粮食生产能力评价［J］. 软科学，2014（25）：79-83.

［114］刘宁. 粮食安全视角下主销区耕地利用可持续性分析——基于本地生态足迹模型［J］. 兰州学刊，2013（5）：104-108.

［115］刘星，郑贵廷. 东北地区粮食影响因素和保障措施分析［J］. 长春师范学院学报，2013（5）：11-15.

［116］刘玉，张川，唐秀美，蒲石，唐林楠. 基于偏离份额模型的北京市四大功能区产业增长分析［J］. 经济地理，2017，37（8）：122-128.

［117］刘云中. 改革开放以来我国区域发展战略的逻辑演进［J］. 经济纵横，2018（10）：36-42.

［118］刘振滨，林丽梅，郑逸芳. 粮食价格补贴政策改革：基于直接补贴与价格补贴的辨析［J］. 上海经济研究，2016（10）：61-65+75.

［119］刘尊梅. 我国农业生态补偿发展的制约因素分析及实现路径选择［J］. 学术交流，2014（3）：99-104.

［120］刘尊梅. 我国农业生态补偿政策的框架构建及运行路径研究［J］. 生态经济，2014（5）：122-126.

［121］龙方，曾福生. 论粮食产区与销区关系的协调［J］. 农业现代化研究，2007（9）：520-523.

［122］卢峰，谢亚. 我国粮食供求与价格走势（1980～2007）——粮价波动、宏观稳定及粮食安全问题探讨［J］. 管理世界，2008（3）：70-80.

［123］吕晓英，吕胜利. 农业生态环境改善的经济机制［J］. 甘肃社会科学，2017（5）：214-220.

［124］罗毅民. 南水北调中线水源区农业生态补偿效益问题研究——基于湖北省十堰市的数据［J］. 价格理论与实践，2016（12）：56-59.

［125］马仁锋，王筱春，张猛，刘修通. 主体功能区划方法体系建构研究［J］. 地域研究与开发，2010，29（4）：10-15.

［126］马树庆，王琪. 区域粮食安全的内涵、评估方法及保障措施［J］. 资源科学，2010（1）：35-41.

［127］马文婷，赵予新. 粮食主产区与主销区博弈关系分析［J］. 粮食科技与经济，2008（6）：7-9.

［128］马永欢，牛文元．中国粮食生产主体功能区的核心设计——构筑国家生存安全保障线［J］．中国软科学，2009（3）：241-247.

［129］马玉波．基于生态视角的粮食主产区利益补偿估算研究［J］．广东农业科学，2014（18）：168-187.

［130］马增林，张彩云．黑龙江省粮食生产利益补偿机制研究［J］．理论探讨，2014（4）：107-110.

［131］梅琳琳，冯树丹，王冰，关兵兵．黑龙江省健全农业生态补偿制度初探［J］．中国农学通报，2013（2）：103-108.

［132］闵锐．粮食全要素生产率：基于序列 DEA 与湖北主产区县域面板数据的实证分析［J］．农业技术经济，2012（1）：47-55.

［133］念沛豪，蔡玉梅，马世发，庄立，张路路．国土空间综合分区研究综述［J］．中国土地科学，2014，28（1）：20-25.

［134］潘烜，何青青，潘俊溯，于洪博．我国粮食最低收购价政策效果评价与定价合理性研究［J］．价格理论与实践，2017（6）：71-74.

［135］潘亚东，马君，孙大明．黑龙江省农作物秸秆资源综合利用现状和建议［J］．农机化研究，2014（11）：253-257.

［136］裴伟征，李嘉，王欢，李永川．西北生态脆弱地区发展战略与环境政策选择［J］．软科学，2012，26（4）：44-47.

［137］彭超．我国农业补贴基本框架、政策绩效与动能转换方向［J］．理论探索，2017（3）：18-25.

［138］彭迪云，温舒甜．基于主体功能区视角的产业集群转型发展——以中部地区为例［J］．江西社会科学，2013，33（10）：48-53.

［139］彭澧丽，龙方，卜蓓．基于时间效应视角的补贴政策对粮食生产的影响［J］．统计与决策，2014（8）：88-91.

［140］沈琼．粮食主产区利益补偿的经济分析［J］．世界农业，2014（5）：1-5.

［141］盛逖．我国粮食直补绩效评价及对策研究［J］．中南财经政法大学学报，2013（5）：136-141.

［142］石刚．我国主体功能区的划分与评价——基于承载力视角［J］．城市发展研究，2010（3）：44-50+55.

［143］宋博，穆月英，侯玲玲．农户专业化对农业低碳化的影响研究——来自北京市蔬菜种植户的证据［J］．自然资源学报，2016，31（3）：468-476.

［144］孙久文，彭薇．主体功能区建设研究述评［J］．中共中央党校学报，2007（6）：67-70.

［145］孙顺强，李宏婧．粮食生产直接补贴的理论依据分析［J］．安徽农业科学，2012（4）：4－5．

［146］田建民．粮食安全长效机制的构建与实证研究［D］．上海：华中农业大学博士学位论文，2010（6）．

［147］万晓萌，周晓亚．我国粮食最低收购价政策实施效果评价研究——基于农业供给侧结构性改革背景下的分析［J］．价格理论与实践，2018（3）：119－122．

［148］王彬彬，李晓燕．基于多中心治理与分类补偿的政府与市场机制协调——健全农业生态环境补偿制度的新思路［J］．农村经济，2018（1）：34－39．

［149］王朝才，石培荣，李兴文．推进主体功能区建设的财政政策研究［J］．财会研究，2009（19）：6－12．

［150］王辉．采煤塌陷区生态环境补偿机理与规划实践［J］．中国土地科学，2011（8）：80－85．

［151］王洁蓉，何蒲明．粮食主产区利益补偿对粮食安全的影响研究［J］．农业经济，2017（2）：10－12．

［152］王莉，楚尔鸣．基于粮食安全的区域强制分工与区际利益补偿［J］．经济地理，2018，38（4）：164－170．

［153］王欧，宋洪远．建立农业生态补偿机制的探讨［J］．农业经济问题，2005（2）：22－28．

［154］王琪．实施差别化财政政策推进主体功能区建设［J］．宏观经济管理，2008（7）：42－43．

［155］王清军．论农业生态补偿法律制度［J］．中国地质大学学报（社会科学版），2008（6）：20－26．

［156］王曙光，夏梦瑶．促进主体功能区建设的财政政策研究——以黑龙江省为例［J］．铜陵学院学报，2014（2）：33－37．

［157］王双进，苏景然．粮食价格支持政策演变历程及经验启示［J］．宏观经济管理，2014（9）：48－50．

［158］王文龙．对全国土地利用总体规划方案调整的思考［J］．中州学刊，2017（6）：34－39．

［159］王晓莉，徐娜，王浩，朱秋鹰，王建华．地方政府推广市场化生态补偿式扶贫的理论作用与实践确认［J］．中国人口·资源与环境，2018，28（8）：105－116．

［160］王亚芬，周诗星，高铁梅．我国农业补贴政策的影响效应分析与实证检验［J］．吉林大学学报（社会科学版），2017，57（1）：41－51＋203．

［161］王颖，刘学良，魏旭红，郁海文．区域空间规划的方法和实践初探——从"三生空间"到"三区三线"［J］．城市规划学刊，2018（4）：65－74.

［162］王跃梅．新型城镇化、主销区粮食自给底线与能力安全［J］．财经论丛，2016（12）：10－16.

［163］王振波，徐建刚．主体功能区划问题及解决思路探讨［J］．中国人口·资源与环境，2010（8）：126－131.

［164］魏丹，闵锐，王雅鹏．粮食生产率增长、技术进步、技术效率——基于中国分省数据的经验分析［J］．中国科技论坛，2010（8）：140－145.

［165］魏后凯，王业强．中央支持粮食主产区发展的理论基础与政策导向［J］．经济学动态，2012（11）：49－55.

［166］魏后凯．对推进形成主体功能区的冷思考［J］．中国发展观察，2009（3）：28－30.

［167］魏晓莎，张佳睿．中国农产品价格支持政策对粮食进出口的影响评析［J］．云南社会科学，2015（3）：53－57.

［168］吴成福．我国农业主产区粮食补贴政策的分析评价［J］．地域研究与开发，2006（6）：122－125.

［169］吴照云，蔡文著．粮食主产区农业发展与国家粮食安全问题研究［J］．安徽农业科学，2007（11）：325－327.

［170］吴珍彩．粮食主产区利益补偿的理论分析和政策建议［J］．农业经济，2016（3）：9－11.

［171］武拉平，田甜．基于贸易视角的新形势下中国粮食安全研究［J］．农业展望，2013（4）：66－70.

［172］夏国锦，王志伟．萧山区粮食生产功能区建设现状、存在问题及对策建议［J］．杭州农业与科技，2010（3）：24－26.

［173］肖碧云．推进主体功能区建设的财政政策选择与完善［J］．广西民族师范学院学报，2013（12）：66－68.

［174］谢小蓉．我国粮食安全的多维观察［J］．企业经济，2013（2）：133－136.

［175］辛士波，陈妍，张宸．结构方程模型理论的应用研究成果综述［J］．工业技术经济，2014（5）：61－71.

［176］辛翔飞，张怡，王济民．中国产粮大县的利益补偿——基于粮食生产和县域财政收入的视角［J］．技术经济，2016，35（1）：83－87.

［177］徐会，孙世群，王晓辉．推进形成省级主体功能区的环境政策及保障

机制初探 [J]. 四川环境, 2008 (5): 122 - 126.

[178] 徐梦月, 陈江龙, 高金龙, 叶欠. 主体功能区生态补偿模型初探 [J]. 中国生态农业学报, 2012 (10): 144 - 148.

[179] 徐沈. 中国主体功能区农业发展研究 [D]. 北京: 中国社会科学院, 2014.

[180] 徐诗举. 完善主体功能区差别化税收政策的建议 [J]. 税务研究, 2016 (9): 101 - 104.

[181] 徐志刚, 习银生, 张世煌. 2008~2009 年度国家玉米临时收储政策实施状况分析 [J]. 农业经济问题, 2010 (3): 16 - 23.

[182] 杨建利, 靳文学. 粮食主产区利益补偿机制研究 [J]. 农村经济, 2015 (5): 9 - 13.

[183] 杨建利. 靳文学. 粮食主产区和主销区利益平衡机制探析 [J]. 农业现代化研究, 2012 (3): 130 - 134.

[184] 杨君茹, 万莎. 粮食安全、农民增收与财政支农资金效率的耦合分析 [J]. 湖北经济学院学报, 2013 (7): 68 - 72.

[185] 杨林, 许丹. 基于粮食生产效率的财政补贴政策地区差异化研究 [J]. 经济学动态, 2011 (12): 81 - 84.

[186] 杨伟民, 袁喜禄等. 实施主体功能区战略, 构建高效、协调、可持续的美好家园——主体功能区战略研究总报告 [J]. 管理世界, 2012 (10): 1 - 30.

[187] 叶慧, 黄宗煌, 王雅鹏. 开放条件下粮食政策实施的福利经济分析 [J]. 当代经济科学, 2008 (2): 1 - 6.

[188] 叶玉瑶, 张虹鸥, 李斌. 生态导向下的主体功能区划方法初探 [J]. 地理科学进展, 2008, 27 (1): 39 - 45.

[189] 于法稳. 中国农业绿色转型发展的生态补偿政策研究 [J]. 生态经济, 2017, 33 (3): 14 - 18 + 23.

[190] 郁鹏. 主体功能区建设和区域经济协调发展 [J]. 市场论坛, 2007 (7): 22 - 23.

[191] 袁海平, 顾益康, 胡豹. 确保新时期我国粮食安全的战略对策研究 [J]. 农业经济问题, 2011 (6): 9 - 14.

[192] 约翰·冯·杜能. 孤立国同农业和国民经济的关系 [M]. 吴衡康译. 北京: 商务印书馆, 1997.

[193] 昝国江, 安树伟. 主体功能区建设与区域利益的协调——以河北省为例 [J]. 城市问题, 2011 (11): 45 - 50.

［194］曾福生，高鸣．我国粮食生产效率核算及其影响因素分析——基于SBM－Tobit模型二步法的实证研究［J］．农业技术经济，2012（7）：63－70.

［195］翟虎渠．坚持依靠政策、科技与投入确保我国粮食安全［J］．农业经济问题，2004（1）：24－26.

［196］张成军．绿色GDP核算的主体功能区生态补偿［J］．求索，2009（12）：16－18.

［197］张改清．粮食最低收购价政策下农户储售粮行为响应及其收入效应［J］．农业经济问题，2014，35（7）：86－93＋112.

［198］张广海，李雪．山东省主体功能区划分研究［J］．地理与地理信息科学，2007（4）：57－61.

［199］张海姣，张征，张正河．粮食跨区交易：责任共担与利益共享［J］．经济体制改革，2013（4）：85－88.

［200］张海莹，柳斌．我国粮食生产财政支持政策综述与问题分析——以河南省为例［J］，河南农业，2016（22）：51－53.

［201］张捷，辛文．碳税对区域经济增长与能源消费的影响研究——基于广东省主体功能区的模拟分析［J］．南方经济，2014（9）：135－138.

［202］张谋贵．建立粮食主产区利益补偿长效机制［J］．江淮论坛，2012（3）：36－42.

［203］张爽．粮食最低收购价政策对主产区农户供给行为影响的实证研究［J］．经济评论，2013（1）：130－136.

［204］张新民．农业碳减排的生态补偿机制［J］．生态经济，2013（10）：107－110.

［205］赵波．中国粮食主产区利益补偿机制的构建与完善［J］．中国人口·资源与环境，2011（1）：85－90.

［206］郑菲，李洪庆，赵姚阳，基于资源环境承载力评价的安徽省主体功能区划分研究［J］．湖北农业科学，2018，57（22）：164－171.

［207］郑风田，普喆．我国粮食最低收购价政策的社会福利影响分析——以小麦为例［J］．价格理论与实践，2015（9）：23－26.

［208］钟甫宁．增加农民收入与调整经济结构［J］．农村经济，2004（3）：1－4.

［209］周民良．主体功能区的承载能力、开发强度与环境政策［J］．甘肃社会科学，2012（1）：176－179＋212.

［210］周应恒，赵文，张晓敏．近期中国主要农业国内支持政策评估［J］．农业经济问题，2009（5）：3－12.

[211] 朱福守，蒋和平．我国农业"四项补贴"政策回顾与建议 [J]．中国农业科技导报，2016，18（5）：1-7.

[212] 朱湖根，钱坤，戚仁德．推进淮河流域粮食生产主体功能区建设的思考 [J]．华东经济管理，2009（6）：41-44.

[213] 朱喜安，李良．粮食最低收购价格通知对粮食价格的影响——基于事件分析法的研究 [J]．社会科学家，2016（5）：60-64.

[214] 朱新华，曲福田．不同粮食分区间的耕地保护外部性补偿机制研究 [J]．中国人口·资源与环境，2008（5）：148-153.

[215] 祝洪章．土地发展权交易与粮食生产利益补偿机制 [J]．学术交流，2016（6）：167-172.